니 마음만 있냐?

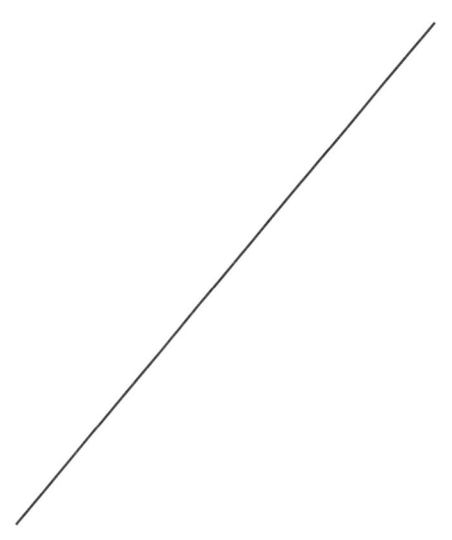

내 마음도 있다.

내 마음도 있다.

- 유호재 에세이 -

책의 순서

11   시작하는 글

제 1장. 내 마음 속에 있는 불편한 감정

19   불편하다
24   어색하다
26   부끄럽다
33   불안하다
38   초조하다
42   쓸쓸하다
44   우울하다
50   답답하다
53   짜증나다

제 2장. 내 마음 속에 있는 유쾌한 감정

설레다	61
뿌듯하다	64
재미있다	67
신나다	69
행복하다	72
평안하다	75

제 3장. 내 마음에서 드러난 불편한 감정

미안하다	81
후회하다	84
서운하다	90
질투하다	94
화나다	98
놀라다	101
두렵다	104
혐오하다	108

제 4장. 내 마음에서 드러난 유쾌한 감정

113	후련하다
117	반갑다
120	흥미롭다
124	고맙다
126	든든하다
129	대견하다
133	감동하다
138	사랑하다

147	마무리하는 글

시작하는 글

언젠가 유튜브 영상을 보며 스트레칭을 따라 하는데, 어깻죽지 근방의 어딘가에서 뻐근하면서도 말할 수 없이 시원한 쾌감을 느낀 적이 있었다. 그때 나는 '이 부위도 스트레칭이 필요하구나. 이 동작을 기억해뒀다가 앞으로는 이 부분을 자주 풀어줘야겠네' 라는 생각을 했었다.

5년 전쯤 나는 밤잠을 설치게 만드는 악몽 때문에 심리 상담을 시작했었다. 그런데 상담사 선생님은 꿈 얘기는 커녕 이상한 질문으로 한 번도 써보지 않은 듯 뻐근하고 어색한 내 뇌 근육의 어느 부위를 자꾸만 건드렸다.

 "그때 기분이 어땠어요?"
 "지금은 기분이 어때요?"
 "그 얘기를 하고 나니 어떤 감정이 올라오나요?"

기분이 어땠지? 재밌다. 화난다. 짜증 난다. 몇 개 되지 않는 단순한 감정의 구분으로는 복잡하고 미묘한 내 마음을 제대로 표현해낼 수가 없어 답답했다. 하지만 선생님은 매회 상담이 끝나기 전까지 내가 느꼈던 감정이 무엇인지 찾아내고, 그 원인까지도 알아내도록 도와주셨다.

답답하고 깜깜하던 마음의 정체가 밝혀졌을 때 나는 퍽퍽한 고구마를 먹다 들이킨 사이다 첫 모금처럼 비로소 시원함과 후련함을 느꼈다.

내 마음을 더 알고 싶고, 감정을 표현하는데 더 자연스러워지고 싶었다. 어린아이들이 보는 감정 그림책부터 시작해서 감정 에세이를 비롯해 많은 심리학 서적을 읽었다. 의무감에 읽는 것이 아니라 내가 흥미가 생긴 분야에 대해 알아가는 과정이 재미있고 즐거워 열성을 기울이게 되었다. 그렇게 알게 된 내 감정은 머릿속으로만 간직하기보다 어떤 방식으로든 표현하고 싶은 욕구가 생겨났다.

감정 일기를 통해 글로 표현해보기도 하고, 그걸로는 부족해 인터넷으로 구매한 감정 카드로 친한 친구와 함께 서로의 근황을 감정으로 표현해보기도 했다. 처음에 그 과정을 어색해하던 친구는 어느새 감정 카드를 통한 대화의 시간에 푹 빠졌다. 우리는 평소보다 깊은 이야기를 나누고 서로를 더 이해하는 시간을 가졌다.

상담사 선생님께 그런 후기를 들려드리면 이렇게 적극적인 내담자는 처음 본다는 영광스러운 칭찬을 해주기도 하셨다. 그 와중에 나를 괴롭히던 악몽이 사라졌다. 그래도 여전히 나는 상담 시간이 좋았다. 매주 감정 수업을 듣는 수강생이 되어 내 마음과 감정을 깨달아 가는 시간이 즐거웠다.

초등학교 시절 친구끼리 싸움이 날 때면 꼭 나오는 말이 있었다.
 "야! 니 마음만 있냐? 내 마음도 있다!"

다 큰 어른이 된 지금에 와서 이런 유치한 말을 떠올리니 웃음부터 나온다. 그런데 그때 친구가 그래서 네 마음이 어떠냐고 물었다면 나는 뭐라 대답할 수 있었을까?

가족, 친구, 남자친구, 직장 동료… 다른 사람의 마음과 감정에는 늘 관심이 많았지만, 막상 스스로의 감정을 깨닫고 돌보는 것에 너무나 소홀했던 나는, 내 마음과 감정을 깨달아가는 시간이 여전히 신기하고 또 여전히 어렵다.

이 책에서는 지극히 주관적인 일상의 경험을 통해 내가 느꼈던 다양한 감정을 소개하려 한다. 나의 부끄럽고 찌질한 모습까지 진솔하게 드러낼 수 있기를 마음을 다잡고 용기를 내본다.

책을 읽는 당신의 마음에 공감과 위안을 얻는 시간이 된다면 너무 기쁠 것 같다.

제 1장. 내 마음 속에 있는 불편한 감정

19	불편하다
24	어색하다
26	부끄럽다
33	불안하다
38	초조하다
42	쓸쓸하다
44	우울하다
50	답답하다
53	짜증나다

불편하다; 몸이나 마음이 편하지 않고 괴롭다

불편한 옷

나는 불편한 옷을 정말 싫어한다. 다리부터 허리까지 쫙 달라붙는 청바지, 타이트한 치마는 몸매가 예뻐 보이는 착시효과가 있지만 출근길에 입고 나오면 사무실에서 하루종일 곤욕이 따로 없다. 든든한 점심을 먹고 나면 더 후회막심이다. 약속이 생겨 누군가를 만나더라도 그 시간을 온전히 즐기지 못하고, 그저 집에 가서 빨리 옷을 갈아입고 싶은 생각뿐이다.

그래서 나는 짧은 시간 외출할 때가 아니고서는 그런 불편한 옷을 잘 입지 않는다.

가장 좋아하고 즐겨 입는 옷은 편안한 원피스 차림이다. 코디 고민 없이 툭 걸치기만 하면 차려입은 듯 보이기도 해서 오늘 어디 가냐는 얘기도 종종 듣게 된다. 여름에는 원단이 좋은 하늘하늘한 원피스를 자주 입는다. 몸에 달라붙지도 않고 가벼워 안 입은 것 같이 편하다. 불편한 옷처럼 만나면 유난히 불편한 사람들도 있다.

예전엔 인간관계를 잘 만들어야 한다는 의무감 같은 것에 매여 그런 불편함을 참아내야 하는 걸로만 생각했었다. 하지만 이제 나는 되도록 나를 그런 불편한 상황에 두지 않는다.

내가 좋아하는 일만 하고, 만나면 편안한 사람들만 만나기에도 시간은 아주 작고 소중하다는 것을 이제는 알기 때문이다.

이것도 가스라이팅인가?

전 직장에서 일하다 만난 F는 나보다 10살 정도 나이가 많은 언니다. 어느 날 뜬금없이 근무 시간에 내 휴대폰으로 연락한 F는 전에 없이 직장에서 힘들었던 이야기를 내게 털어놓았다.

좋은 얘기는 누구에게나 하기 쉽지만 힘들거나 어려운 이야기는 그렇지 않다고 생각했기 때문에, 그런 내밀한 이야기를 나에게 꺼내놓는 F에게 곧 친밀함을 느끼게 되었다. 게다가 F와 나는 각자의 직장에서 비슷한 업무를 맡고 있었는데 그분이 겪고 있는 어려움이 내 상황과 많은 부분에서 겹쳐보였다. 그래서 F의 하소연을 듣는 것만으로도 가려운 곳을 대신 긁는 듯 시원함을 느끼기도 했다. 그 통화를 시작으로 우리는 종종 연락을 주고 받았고 업무 외적으로도 가끔 만나는 사이가 되었다.

그러던 나는 언제부턴가 F가 조금씩 불편해지기 시작했다. 전화는 주로 F가 먼저 거는 편이었는데, 한번 전화를 받으면 기본 1시간부터 길게는 3시간까지 통화가 계속되고는 했기 때문이다. 게다가 대화 중에 한 번씩 나의 이야기를 덧붙이면 금세 이런 말이 돌아왔다.
 "그건 샘이 맹해서 그래. 이렇게 했어야지. 나는 예전에…"
 "진짜 철없는 소리 한다. 나이 몇 살만 더 들어봐. 내 말이 이해 갈 거야. 나도 예전에는…"

물론 나보다 나이도 많고, 사회 경험도 많은 사람이다 보니 대부분 F의 말이 맞을지도 모른다. 하지만 그렇게 또 F의 이야기가 시작되고 나면 이 통화가 언제 끝날지 알 수 없었다. 나는 퇴근 후에 요리도 해야 하고, 공부도 해야하고, 헬스장도 가야하고, 그림도 그리고, 글도 쓰고, 할 일이 너무 많은데… 나를 생각해서 자기 시간을 들여가며 저렇게 경험을 들려주고 내게 조언하는 F의 말을, 더욱이 거절을 어려워하는 나는 끊어내기가 무척 어려웠다.

길고 긴 통화가 끝나고 나면 나는 지쳐버렸고, 늘 스스로 부족한 사람이 되어있었다. 그리고 얼마 지나지 않아 또 연락이 오면 또 비슷한 상황이 반복되었다. 그래도 나를 생각해주는 마음이 고마운 거라고 애써 F에 대해 느껴지는 불편한 마음을 고쳐먹었다.

그러던 어느 날 나는 유튜브에서 가스라이팅에 관한 영상을 봤다. 가스라이팅 가해자의 특징은 이랬다. 내 행동에 대해 부정하고 나를 못난 사람으로 만드는 사람, 내 생각과 내 가치는 쓸모없는 것으로 만드는 사람… 대부분이 내 상황과 비슷한 것처럼 느껴졌다.

귀가 얇은 나는 그 뒤로 F와의 연락을 슬슬 피하게 되었다. 한편으로는 마음이 불편하기도 했다. 그래도 날 걱정해서 관심을 가져 주는 사람인데…

아직도 나는 F가 내게 했던 행동이 가스라이팅이 맞는지, 아닌지 확신이 없다. 하지만 누군가가 나에게 연락을 피하는 지금과 연락하며 지내던 이전을 비교해 어느 쪽이 더 마음이 편하냐고 묻는다면, 나는 연락하지 않는 지금이라고 대답할 것이다.

어색하다; 잘 모르거나 별로 만나고 싶지 않았던 사람과 마주하여 자연스럽지 못하다.

못 본 걸로 하자

길을 걷다가 적당히 알던 사람과 마주칠 때가 있다. 이름과 얼굴은 아는데 막상 이야기를 나눠본 적이 없는 사람, 알고 지낸 지 한참이 되어도 유독 어색한 사람, 아니면 잘 아는 사람이지만 별로 나눌 얘기가 없는 사람…

그 사람과 눈이 마주친다.
그렇지만 우린 서로 모른 척하며 지나간다. 혹은 눈이 마주칠까 다른 길로 돌아서기도 한다.

그 사람이 싫어서는 아니다. 어색한 사람과 인사를 하고 나면 무어라도 말을 꺼내야 할 것 같지만, 딱히 별말이 떠오르지 않는 그 어색한 침묵의 시간을 견딜 수 없기 때문이다. 나는 침묵이 흐르는 걸 잘 견뎌내지 못한다. 그래서 침묵을 깨트리려 아무 말이나 건네고 나면 오늘도 자기 전에 이불킥을 하며 후회할 일이 생길지도 모른다.

그럴 거라면 차라리 오늘은 그냥 못 본 걸로 하자.

부끄럽다; 당당하거나 떳떳하지 못하게
느끼는 상태에 있다.

부끄러움과 죄책감 사이 그 어딘가

시골 중학교에 다니고 있었다. 난 1학년이었고, 우리 반에는 여자애들이 하나같이 제일 싫어하는 A라는 남자애가 한 명 있었다. 나도 마찬가지였다. 이유는 없지만 다들 싫어하니까 그냥 나도 싫었다.

어느날 우리 반은 뽑기를 뽑아 짝꿍을 바꾸기로 했다. 나는 분명 내 옆자리에 A가 걸리지 않은 걸 확인하고 안심했었다. 그런데 갑자기 A가 내 이름이 적힌 쪽지를 흔들며 천연덕스럽게 내 옆자리에 앉는 것이 아닌가.
A는 내 이름을 뽑은 다른 남자아이와 쪽지를 바꾼 것 같았다.

"야! 너, 이 자리 아니잖아!"
잔뜩 인상을 쓰고 따져 묻는 내게 대답도 없이 실실 웃던 그 애는 내가 나란히 마주한 책상을 혼자 앞으로 밀고 나가면 앞쪽으로 따라오고 뒤로 밀고 나가면 또 뒤

쪽으로 자기 책상을 끌고 따라와 내 책상과 나란히 만들었다. 나는 눈물까지 흘리며 이렇게 말했다. 나는 정말 네가 정말 싫고 네가 짝꿍인 게 짜증 난다고…

영어 분반 수업 시간에도 우린 공부 못하는 B반에서 만났다. A는 뒷자리에서 작은 지우개 똥을 만들어 내 등으로 계속 던졌다. 아프지 않지만 무척 성가셨다. 하지만 A가 너무 싫고, 그 애에겐 짜증이라는 관심마저 아깝게 느껴져 나는 일절 반응을 하지 않았다. 그러자 맨 뒷자리에 앉은 그 애는 이제 선생님께 들리지 않을 정도의 작은 목소리로 내 이름을 계속 불러댔다. 너무 거슬려 참을 수가 없었다. 마침내 고개를 돌려 눈에 온 힘을 주고 그 애를 째려봤다. A는 실실 웃기만 했다. 나는 이렇게 짜증이 나는데 그 아이는 웃고 있다는 게 더 화났다.

"이 미친놈아. 네가 부르라고 있는 이름이 아니거든. 함부로 부르지 마라!"

어린 시절의 나는 아빠한테 보고 배워 또래 다른 여자애들에 비해 아주 무서운 표정을 잘 짓고, 욕도 잘했있다. 친구들이 내 말을 듣고 빵 터졌던 게 기억난다. 욕을 잘해서인지, 어떤 포인트였는지는 모르지만, 친구들이 웃어주니 기분이 썩 나쁘지 않았다. 나도 따라 웃다가 문득 A를 돌아보았을 때, 그 애는 혼자 웃지 못하고 머쓱한 표정을 짓고 있었다. 그때 분명 나는 죄책감을 아주 잠깐 느꼈었다.
이름도 못 부르게 하는 건 심했나? 내가 뭐라고…

그러던 어느 날 눈이 무척 많이 내려 거리에 소복이 쌓인 그날, 나는 등굣길에 신발함에 넣어뒀던 구두를 잃어버렸다. 우리 집은 학교까지 빠른 걸음으로도 한 시간 반은 족히 걸렸고, 버스도 다니지 않는 깡촌에 있었다. 아마 그 시골 학교의 전교생 중 내가 가장 집이 멀었을 것이다. 아침에 구두를 신고 걸어올 때도 발이 꽁꽁 얼었었는데, 실내화를 신고서 눈길을 걸어갈 생각을 하니 눈물이 날 것 같았다. 친구들은 모두 집에 가버렸고, 나는 혼자 잃어버린 구두를 찾아 학교 구석구석을 돌아다녔지만 결국 찾지 못하고 실내화를 신고 집으로 왔다.

따르릉. 집에 도착하자마자 갑자기 전화벨이 울렸다. 달려가 전화를 받자 어른의 목소리를 흉내 내는 남자아이의 목소리가 들렸다.

"호재 있습니까?"
왠지 그 목소리가 B 같았다. B는 같은 반의 장난기가 많은 남자아이였는데, 늘 어딘가 허술해서 여자애들에게 자주 그 수법을 들통나고는 했었다.

그리고 요즘 사람들이 들으면 오싹할지도 모르지만, 그때 그 시절에는 동네마다 전화번호부가 있었다. 그 안에는 모든 동네 주민의 이름과 집 전화번호가 적혀있었는데, 친구의 부모님 이름까지도 다 알고 있는 시골 아이들은 종종 놀이 삼아 장난 전화를 걸고는 했었다. 사실 나도 한두 번 정도 걸어봤었고 몇 번 받아본 적도 있긴 했지만, 이렇게 꽁꽁 언 발로 집에 도착하자마자 전화를 받으니 촉이 오는 듯 했다.

"너 B지. 네가 내 구두 숨겼지!"
정체가 탄로 난 B는 처음에 아니라고, 모른다며 발뺌하더니 이내 범인 이름까지 실토했다. 늘 B랑 어울리는 A, 그 애라고 했다.

일이 끝나고 집에 돌아온 아빠가 신발장에 놓인 내 실내화를 보더니 자초지종을 물었다. 다혈질인 아빠에게 이런 이야기를 하면 왠지 큰일이 일어날 것만 같아 이런저런 어설픈 변명을 둘러댔지만, 아빠는 이내 그걸 눈치채고 나를 혼내기 시작했다. 안 그래도 하나뿐인 구두가 없어져 속상한데, 바른대로 말하지 못하냐고 무섭게 야단치는 아빠에게 나는 울먹거리며 A일지도 모른다고, 말하고 말았다.

다음 날 새벽부터 아빠는 나를 옆에 세워놓고, 전교생이 150명도 채 되지 않는 그 작은 중학교 교문 앞을 지키고 서 있었다. 등굣길에 지나가는 친구들과 선배들이 험상궂은 어른을 힐끗거리며 지나갔다. 부끄러웠다. 아빠는 남학생이 지나갈 때마다 물었다.

"쟤가 A냐?"

다시 한번 말하지만, A가 정말 싫어도 아빠한테까지 그걸 이르고 싶은 마음은 없었다. 그렇지만 아빠는 그 애를 찾을 때까지 교문을 벗어날 생각이 없었다. 마침내 그 애가 교문에 도착했을 때, 나는 조용히 아빠를 불렀다.

아빠는 곧바로 중학교 1학년밖에 안 된 그 아이의 멱살을 잡아챘다. 평소 능구렁이 같다고 생각했던 A의 얼굴이 새하얗게 질렸다. 오토바이를 타고 그 애를 학교까지 데려다주러 온, 노랑머리를 한 A의 형은 멀뚱히 그 광경을 보고만 있었다. 아빠는 네가 왜 내 딸의 신발을 숨겼느냐고, 그렇게 눈이 많이 오는데 애가 발이 꽁꽁 얼어서 한 시간도 넘게 천 쪼가리로 만든 실내화를 신고 걸어왔다고 호통을 쳐댔다.

A가 지나가는 선배들과 친구들에게 얼마나 쪽팔리고, 얼마나 무서울지… 이전부터 그 애에게 느껴왔던 죄책감까지 스멀스멀 기어 올라와 내 가슴을 콕콕 찔러댔다. 사실 이유 없이 A를 싫어한 건 내가 먼저였다. A의 입장에서는 내가 원인 제공을 한 나쁜 사람이라서, 그래서 복수했을지도 모른다는 생각을 했지만 얼어붙은 내 입은 좀처럼 떨어지질 않았다. 아빠는 늘 내게 무서운 존재였고, 저렇게 큰소리로 화를 내는 사람은 어떻게 말릴 수 있는지 나는 엄두조차 나지 않았다.

아빠는 결국 그 애의 입에서 다시는 나를 괴롭히지 않겠다는 다짐을 받아내고 나서야 잡고 있던 멱살을 풀어주었다. 아빠에게서 벗어난 A는 허둥지둥 어디선가 구두를 찾아와서 내게 내밀었다.

교실에 도착하자 친구들이 모여들었다. 내가 없는 사이

온통 A와 나의 이야기를 추측하고 있었던 듯 했다. A가 교실에 없는 것을 확인하고 나는 자초지종을 설명했다. 이야기를 들은 친구들이 하나같이 이렇게 말했다.

"그래도 A가 더 불쌍하다. 그냥 아빠한테 이르지 말지…"

나도 그렇게 느꼈다. 아빠에게 멱살이 잡혀서는 하얗게 질려버렸던 그 애의 얼굴이 오랜 시간 내 기억에 부끄러움으로 남았다. 딱히 목적도 없이 내 이름을 불러대는 A에게 나는 내가 뭐 얼마나 잘난 사람이라는 생각으로 욕을 해주고, 네가 부르라고 있는 이름이 아니라는 말을 했는지, 깔깔거리는 친구들 사이에서 혼자 웃지 못했던 A의 머쓱한 그 표정을 기억한다. 처음 짝꿍이 된 날, 이유도 없이 A가 싫다고 울고불고하던 내 옆에 앉은 그 애의 표정을, 뒤늦게 느낀 죄책감을 여전히 기억한다.

A는 더 이상 내게 장난을 걸지 않았다. 중학교 1학년을 마친 뒤 나는 서울로 전학을 갔다. 나는 A에게 미안한 마음을, 사과를 끝내 전하지 못했다.

불안하다; 걱정스럽거나 초조하여 편안하지 않다

결혼에 대한 단상

친구들이 몇 년 전부터 하나둘 결혼을 하더니, 대부분 다 시집을 가서 이제 미혼인 친구는 몇 명 남지 않았다.

연애할 때면 자연스레 상대방과 함께하는 미래에 대해 꿈꾸게 되고는 한다. 주말에는 함께 뭘 할지 고민하던 사이는 내년 휴가를 함께 꿈꾸고, 더 나아가 그 후의 미래까지도…

이십 대의 나는 남자친구와의 대화에서 결혼에 대한 주제가 나올 때면 스리슬쩍 다른 이야기를 꺼내 넘어가 버리고는 했었다. 연애는 항상 달콤하지만, 결혼이라는 주제는 현실적인 조건과 문제들을 짚고 넘어가야 할, 어떤 커다란 산처럼 무겁게 느껴졌고, 그래서 겁이 났기 때문이다.

어린 시절 겪은 부모님의 이혼이 내게 주었던 영향도

있겠지만, 미래의 배우자라는 틀 안에서 상대방을 바라본다면 이 달콤한 상황이 어떻게 변하게 될지 알 수 없어 막연히 불안함을 느꼈던 것도 같다. 그럴 때면 그저 그건 적당한 때에 할 고민이라며 나중에, 다음에 생각하기로 미루고는 했었다.

언제부턴가 시간은 순식간에 흘러가더니 내 나이를 하나둘 더해 30대 중반으로 데려다 놓았다. 서른 중반의 내가 생각한다. 결혼이라는 건 무엇일까? 사랑하는 두 사람이 기한을 정하지 않고 서로의 미래를 함께하기로 약속하는 것이다. 매일 헤어짐이 없으며, 서로에게 항상 내 편인 가족이 되어주는 것, 물론 결혼에는 둘 뿐 아니라 현실적인 책임과 의무도 함께 따라붙는 것 같다. 예를 들면 서로의 가정에 대한 의무, 출산, 육아와 직장 문제, 경제적인 문제, 그리고 사소한 집안일들까지… 연애하게 될 때와는 또 다른 책임들이 생기는 것 같다. 결코 달콤하지만은 않다.

하지만 나도 그런 책임과 의무를 감당해 낼만큼 결혼이 하고 싶던 적이 있었다. 최근의 가장 마지막 연애를 하는 동안 내 보호자를 자처하는 그 남자친구가 내 마지막 사람이 되길 바랐다. 언젠가 헤어질 거라는 생각은 상상조차 마음이 아팠다. 그래서 가족이 되어 함께 하고 싶었다. 하지만 직장생활을 늦게 시작한 그 사람과 결혼이라는 주제로 대화가 잘 이루어지지 않았다. 미래가 그려지지 않는 그 관계에서 나는 이미 어렴풋한 불안을 느꼈고, 결국 우리는 다른 문제로 헤어지게 되었다.

마음의 어느 한 부분도 누군가에게 의지하지 않고 혼자로 꿋꿋이 살아간 지, 일 년이 넘어가고 있다. 언젠가 내가 다시 새로운 누군가를 만나서 다시 사랑에 빠질 수 있을까? 언젠가 결혼해 나의 가정을 꾸릴 수 있을까? 나는 여전히 그런 미래가 잘 그려지지 않는다.

이러다 혼자 늙어갈 미래를 생각하면 나는 또 아득하고 불안해지기도 한다. 나이가 들어 많이 외로우면 어떡하지? 내 인생에 중요한 문제들이 있을 때 함께 의논할 가족이 있으면 좋겠다. 혹시 또 몸이 아프게 되면 어떡하지? 아플 때 혼자 있으면 너무 서럽던데… 집값이 저렇게 오르는데 혼자 벌어서 먹고살 수는 있을까?

만약 정년까지 일하고 은퇴해도 혼자라면 강아지를 키울까, 라고 생각해본다. 매일 아침저녁으로 강아지와 함께 공원을 산책하러 다녀야겠다.

경로당과 노인 커뮤니티에도 가입해야겠다. 치매에 걸리지 않도록 할머니, 할아버지 친구들이랑 내가 좋아하는 보드게임도 해야지. 아니, 내가 한번 그런 커뮤니티를 만들어볼까? 나는 내가 좋아하는 일이면 뭐든 열심히 하니까 잘할 수 있을 것 같은데…

이상한 생각이 너무 길어졌다. 오늘도 마음 속 더 깊은 곳으로 불안을 애써 잠재워본다.

나의 불안 대처법(이라고 쓰고 다짐이라고 읽는다)

1. 내가 할 수 없는 일은 제쳐 두고, 할 수 있는 일을 찾아서 시도해보기
2. 햇볕 쬐며 걷기
3. 솔직한 마음 그대로 기도하기
4. 일단 잠들기. 잠이 안오면 복식호흡에 집중하기 (나는 아침에 일어나면 늘 기분이 한결 나아진다)
5. 믿을 만한 누군가에게 불안한 마음 털어놓기
6. 재미있는 무언가에 몰입하기(그림 그리기, 글쓰기, 미드, 아이쇼핑 등)
7. 불안과 맞닥뜨려 상담시간에 배웠던 것 연습해보기
   - '내가 지금 떨고 있구나' 인지하기
   - '그래서 어떻게 하고 싶어?' 스스로 물어보기
   - 다른 사람에게 의견을 물어보기 이전에 내 생각은 어떤지, 그때 감정은 어땠는지 들여다보기. 그걸 미루지 않기

초조하다; 애가 타서 조마조마하다.

거짓말에 대한 기억

초등학교 4학년 때 우리반에 전학 온 여자애 C가 있었다. 그 애는 금세 남녀 통틀어 제일 인기 많은 친구가 되었다. 춤도 잘 추고 노래도 잘하는 C는 극 외향형의 인간, 소위 파워 인싸였다. 어느 날부터 이유는 모르겠는데 C가 날 싫어하게 된 것 같다. 그 애는 요즘 박경림이 대세인데 그것도 모르냐며 내 큰 키를 가지고 시비를 걸었고 내 말투, 걸음걸이, 마른 몸매 등 별 시덥잖은 이유를 만들어대며 시비를 걸어댔다. 나는 화를 잘 참지 못하고 그 애와 자주 싸웠다. 그렇게 인기 많은 애와 싸우는 건 엄청난 용기가 필요한 일이었다. 우리가 싸울 때면 모든 관심이 집중되었고 그럴 때면 모두가 그 애의 편인 듯 서럽게 느껴졌기 때문이다.

그렇게 내 학창 시절을 괴롭게 만들던 C는 어느 날 교실을 들어선 내게 달려왔다. 또 무슨 시비를 걸려고 저러나, 생각하는 찰나 그 품에 나를 안았다.
그리고 한 손으로는 내 등을 토닥거리기 시작했다. 이

건 또 무슨 상황이지? 나는 어떻게 반응해야 할지 몰라 그 품에 그대로 안겨있었다.

수치스럽게도 그 따뜻함이 너무 기분 좋았다. 나는 엄마가 없었고, 내가 기억하는 부모님은 한순간도 나를 따뜻하게 안아주던가 다정하게 대해줬던 적이 없었다. 그래서 그 나이까지 누군가에게 안겨본 기억이 다섯 손가락에 꼽힐 정도였다. 나는 C가 팔을 풀어줄 때까지 마치 로보트처럼 뻣뻣이 그 애의 품에 안겨있었다.

마침내 팔을 푼 C에게 나는 물었다.
 "갑자기 왜 그래?"
 "말하지 그랬어. 너 엄마 없다며.."
 "누가 그래?"

담임 선생님이 교탁에 생활기록부를 올려놓고 퇴근하셨고, 어제 교실에 남아서 놀던 친구들은 그걸 다 읽었다고, 왜 말하지 않았느냐고, 알았으면 내게 잘해줬을 텐데, 라고 그 애는 말했다.

그 같잖은 동정에 대한 수치스러움, 친구들의 시선에 대한 두려운 마음, 그리고 …

그때의 그 마음을 말로 다 표현해 낼 수 있을까? 사실 어떤 단어를 모아놓아도 내 마음을 온전히 나타내기에는 한없이 부족할 것만 같다.

나는 곧바로 C의 말을 부정했다. 그 전부터 아빠는 늘 내게 엄마가 없다는 사실을 숨기라고 했었다. 엄마가 없다는 걸 알게 되면 나는 따돌림을 당할 거라고, 아빠는 늘 나를 세뇌하듯 말해왔기 때문에 왕따당하기 싫었던 어린 나는 태연한 척 거짓말을 선택했다.
 "나 엄마 없는 거 아냐. 선생님이 잘 모르고 적으셨나 보네."
 "선생님이 어떻게 그걸 몰라?"

나는 계속해서 머릿속으로 들키지 않을 시나리오를 만들어냈다.
 "엄마는 서울 외갓집에 갔어. 그래서 없다고 쓰여 있는 거야. 외할머니는 나이가 들어서 이제 눈이 잘 안 보여. 그래서 병간호를 해드려야 해…"

초조함을 느꼈다. 거짓말을 들키게 될까 봐 나는 구구절절 변명을 늘어놓았다. 제발 내 말이 그럴듯해 보이길, 더 이상 C에게 내가 동정심의 대상으로 보이지 않길 간절히 바랐다.

학창 시절 내내 나는 그 거짓말을 듣기지 않기 위해 엄마에 관한 질문이 나올 때면 늘 같은 시나리오를 꺼내들었다. 학교는 왜 이렇게 엄마에 대한 발표와 과제를 많이 시키는지, 친구들은 왜 이렇게 엄마 얘기를 많이 묻는지. 나는 매번 반복되는 거짓말에도 늘 마음이 편하지 않았다.

만약 내가 그 시간으로 다시 돌아갈 수 있다면, 다시 C의 품에 안긴다면, 어린 내가 다시 거짓말을 시작하지 않길 바란다. 거짓말은 또 다른 거짓말을 만들어냈고 나는 매번 그 모든 걸 기억해내야 했다. 머리가 아팠다. 들키지 않기 위해, 나는 퍼즐을 꿰맞춰야 했다.

매번 반복되는 비슷한 상황에서도 나는 익숙해지지 않고 늘 초조함을 힘겹게 견뎌내고는 했다. 거짓말을 들키게 될까 봐, 그 두려움으로 나는 자주 떨었다.

쓸쓸하다; 외롭고 적적하다

나는 지금 혼자 있기를 선택했다.

희한하게도 나는 혼자인 지금보다 누군가 애매하게 곁에 있을 때 더욱 쓸쓸함을 느끼고는 했다.

늘 내 편인 줄만 알았던 사람이 막상 내 마음만 몰라줄 때, 항상 나와 잘 맞는 줄로만 알았던 사람이 사실은 나와는 전혀 다른 가치관을 가졌고 다른 생각을 해왔다는 것을 뒤늦게 알게 되었을 때, 주위에 늘 있던 것 같던 그 사람이 내가 간절히 필요한 순간에는 곁에 있지 않을 때, 그때 나는 외로움을 절실히 느낀다.

지금 나는 혼자만의 시간을 보내고 있다. 그렇지만 문득 누군갈 만나고 싶어진다면 언제든 누군가에게 연락해서 만날 수 있다. 하지만 그럴 때면 어느 정도는 상대방을 배려해야 한다. 물론 내가 먹고 싶은 것, 보고 싶은 것, 하고 싶은 것을 이야기할 수는 있겠지만…

혼자인 시간은 누군가에게 기대하거나 실망할 일이 없

다. 혼자인 시간은 온전히 나에게. 내가 원하는 것에 집중할 수 있다. 혼자인 시간은 쓸쓸하다. 하지만 가장 편안한 나와의 시간이다.

그래서 나는 지금 쓸쓸히 혼자 있기를 선택했다.

성인이 된다는 것은 곧 혼자가 된다는 뜻이다.

- 장 로스땅

우울하다; 근심스럽거나 답답하여 활기가 없다.

서른두 살에 암 선고라니,

"이런 말을 하게 되어 유감이지만 암이에요."
서른두 살이던 2년 전 봄, 나는 직장에서 해준 건강검진에서 유방암 진단을 받았다.

처음엔 너무 놀라 눈물도 나오지 않았으며, 곧 교수님의 진단이 잘못되었을 거라고 현실을 부정했다. 도저히 믿을 수가 없었다. 며칠 뒤 검진 병원에서 연결해 준 대학 병원에서 정밀 검사를 받았고, 나는 같은 진단을 받았다. 여전히 믿겨지지 않았고 어안이 벙벙했다. 주치의 교수님은 내게 이제부터는 많이 먹지 말라고 했다. 조금만 먹고, 많이 걸으라고…

그 말을 듣기 전부터, 나는 이미 끼니를 제대로 챙겨 먹지 못하고 있었다. 어떤 사람은 스트레스를 받는 상황에서 많이 먹는다고 들었다. 나는 반대로 평소에는 입맛이 좋지만, 스트레스를 받는 상황에서는 아무것도 먹지 못한다. 유방암 진단을 받은 이후로 늘 입안이 쓰게 느껴졌다. 길을 걷다가도 사무실에서 근무 중에도 틈만 나면 눈물이 주르륵 흘렀다.

'암'은 내게 너무나 생소한 존재였다. 나는 그때까지 주변에서 암 환자를 단 한 명도 본 적이 없었다. 불안한 마음에 인터넷 커뮤니티를 뒤져보면 온통 치료가 고통스럽다는 얘기 또는 재발했다는 얘기뿐이었고, 그 이야기들을 읽으면 읽을수록 내 미래가 암담하게 느껴졌다. 늘 두통에 시달렸다. 나는 두통약이 혹시 좋지 않은 성분은 아닐까, 약 하나도 쉽게 먹을 수 없었다. 제대로 먹은 것은 없어도 내 가슴은 늘 체한듯 답답했다.

왜 나에게만 이런 일이 생긴 걸까, 라는 생각이 내 머릿속을 떠나지 않았다. 도대체 뭘 잘못해서 이렇게 된 걸까?

건강에 무신경하게 살았던 과거의 내 행적들을 좇았다. 그릇에 옮겨 먹기도 귀찮아 냉동 음식을 포장 째로 전자레인지에 데우고, 음식에 눌어붙은 비닐봉지를 걷어내고 호호 불어가며 맛있게 먹던 나. 위생 봉지에 포장된 뜨거운 떡볶이를 안주 삼아 맥주와 함께 저녁으로 때우던 나. 필름이 끊어질 정도로 진탕 술을 먹고 열 번도 넘게 오바이트하며 며칠을 앓던 나… 왜 그렇게 살았니, 화가 나고 억울해도 탓하고 원망할 사람은 나 자신밖에 없었다. 벼랑 끝에 서 있는 기분이었다.

수술이 끝났지만 이제 시작이라고 해도 과언이 아닐 정도로 오랜 기간에 걸쳐 많은 치료가 남아있었다. 재활치료와 병행해, 한 달 동안 매일 방사선 치료를 받았다. 젊은 나이에 2기는 고위험군에 들어가기 때문에 항암치료 대상이라고 했지만, 내 멘탈로는 못 견딜 것 같다는 말에 교수님은 호르몬 약에 더해 난소 억제 주사까지 매달 맞는 것으로 치료 계획을 변경해주셨다.

난생처음 들어보는 치료들에 불안한 마음이 들어 자주 인터넷 커뮤니티에 들어갔었다. 카페에는 왜 이렇게 슬프고 불안한 글들이 많은지… 어쩌면 고민이 없는 사람은 글을 올릴 필요도 없지만, 마음이 힘들어 공감과 위안이 필요한 사람들만 계속해서 글을 올리고 있는지도 모른다.

호르몬 치료를 시작하고 보니 몸에 느껴지는 변화가 여럿 있었다. 폐경기 여성처럼 내 몸은 수시로 춥고 덥고를 반복했고, 얼굴이 벌겋게 달아올라 땀이 줄줄 흐르곤 했다. 그런데 그보다 힘들었던 건 치료가 완전히 끝나고 나면 서른여덟은 될 텐데 이런 독한 치료를 받고 결혼은 할 수 있을까, 아기는 가질 수 있을까, 하는 걱정이었다.

암 진단과 수술에도 내 곁을 지켜주던 남자친구와도 헤어졌다. 세상에서 가장 사랑하는 게 나라던 그는 내 가슴에 구멍을 뻥 뚫어놓고 원래부터 내 인생에 없던 사람처럼 흔적도 없이 사라졌다. 세상에서 나 하나를 빼면 모든 사람이 다 행복한 것만 같이 보였다.

우울이라는 감정은 마치 곰팡이 같았다. 내가 처음에 느꼈던 그 작은 감정이 정신을 차려보니 어느새 야금야금 내 전체를 집어삼키고 있었다. 나라는 사람을 정의한다면 우울한 사람이라고 표현해야 할 듯했다.

힘들어하는 내게 친한 지인이 이런 말을 건넸다.
  "그 말 들어봤어? 건강한 육체가 정신을 지배한다고. 운동하자."

그 말을 한 번 믿어보기로 했다. 밑져야 본전, 운동은 유방암 예방에도 좋다고 하니까. 시간이 날 때마다 30

분씩이라도 헬스장에 갔다. 유산소 운동을 한 뒤엔 빈약한 상체 위주로 근력 운동을 했다.

그렇게 몇 달이 지난 어느 날 거울 앞에서 머리를 묶던 나는 팔뚝에서 빼꼼 고개를 내민 계란보다 조금 작은 근육을 발견해냈다. 신기했다. 곧바로 보디빌더 같은 포즈로 셀카를 몇 장 찍어 동생들에게 보내보았다. 동생들은 멋있다는 반응이나 어떠한 인정도 해주지 않았지만 내 근육이 너무 자랑스러웠고 그간 노력한 내 자신이 그렇게 대견할 수가 없었다.

그날부터는 집에서도 운동해야겠다는 의욕이 생겨 2kg짜리 덤벨 2개를 주문했다. 난생처음 헬스장에서 0.5kg짜리 덤벨로 상체 운동을 시작했을 때 며칠을 근육통으로 고생했던 나를 분명 기억한다. 하지만 이제는 2kg짜리 2개, 총 4kg도 거뜬해졌다니! 누군가는 보고 비웃을지도 모르지만 내게는 너무나 뿌듯한 일이다. 덤벨이 오고 나서는 TV를 볼 때마다 운동했다. 헬스장에 가기 싫은 날엔 뒷동산을 등산하거나 집에서 스텝퍼나 실내 자전거로 유산소 운동을 먼저 하고 덤벨 운동을 했다.

스마트폰에 기록된 운동 기록을 확인하는 일은 내 기분 좋은 습관이 되었다. 나는 매달 컨디션이 좋지 않은 며칠을 제외하고 거의 매일같이 운동했다.

그 말이 맞았다. 건강한 육체가 내 체력을 키우더니, 멘탈을 건강하게 만들었고, 귀여운 근육과 탄탄해진 몸매가 내게 자신감을 주었다. 이 팔뚝을 드러내고 싶어 올해 여름에는 민소매 티셔츠도 몇 장 사서 입고 다녔다.

내 인생 최대의 시련과 우울을 여전히 나는 버텨내고 있다. 나는 나를 믿는다. 또다시 곰팡이 같은 우울함이 덮치고 집어삼키더라도 나는 결국 이겨낼 만한 사람이라는 것을.

답답하다; 애가 타고 갑갑하다.

일방적인 의사소통에서 내가 느꼈던 마음

수술 이후 한 달 만에 복직했다. 인사 규정상 병가를 최대 60일까지 쓸 수 있다는 것을 알고 있었지만 얼마나 쉴 건지, 다른 사람을 뽑아야 하는지, 사무실에서 걸려온 전화를 받고 계약직인 나는 이른 시기에 복직을 결심했다. 한 달 만에 복귀한 사무실은 이전과 분위기가 많이 달라져 있었다. 나를 예뻐하던 팀장님도 인사이동으로 다른 부서에 가셨고, 그 자리엔 처음 보는 팀장님이 와 계셨다.

내가 맡았던 업무는 이전엔 늘 팀장님과 함께 의논하고, 배우며, 직접 지시를 받아 진행했었다. 하지만 바뀐 팀장님은 계약직은 할 말이 있으면 무조건 총괄 주임을 통해서 할 말을 전달하라고 했다고, 나는 '전해'들었다.

총괄 주임을 통해서 의견을 전달하면 다시 총괄 주임의 입을 통해서만 답을 들을 수 있었다. 계속 듣다 보면 나중엔 이게 팀장님의 의견인지 총괄 주임의 의견인지 구별이 안 되었다. 답은 '안 돼.' 아니면 '그렇게 진행해' 둘 중 하나였는데, 나는 거기에 어떤 의견을 더할 수도 영향을 미칠 수도 없었다.

애초에 병가와 관련해서 인사팀에서 안내해준 제출 서류는 진단서 한 장이었다. 그건 복귀하자마자 제출을 마쳤었다. 하지만 어느 날 총괄 주임은 병가를 사용하는 동안 몇 번이나 병원에 갔는지, 병원에 간 게 맞는지 확인을 해야겠다는 말을 내게 전하며 증빙 서류를 요구했다. 한 달 동안 매일 병원에 가서 치료받았던 통원 확인서를 발급받아 냈다. 마음이 견딜 수 없이 힘들었다.

앞에서는 수술 후 내 건강을 걱정하는 척, '편하게 해. 쉬엄쉬엄해. 무리하지 마.'라던 사람 중 누구의 의견인지 모르는 실적 압박을 나는 하루에도 몇 번씩 '전해'들었다. 병가를 썼으니 한 달 이상의 실적을 빨리 채워내라고 한다며…

나는 누군지 명확하지 않은 상대방과의 일방적인 의사소통과 상황 속에서 답답함을 느꼈다. 실적 압박과 의심, 일방적인 의사소통까지 모두 다.

이제 내 삶의 우선순위는 건강이 가장 최우선으로 바뀌었는데, 누군지 모를 상대방과 직장이 계속해서 그걸 위협해대는 것처럼 느껴졌다. 이 직장에서는 내 건강을 지켜낼 수 없을 것 같아 나는 퇴사를 결심했다. 건강의 문제로 퇴사하겠다고 밝혔는데도, 병가를 썼기 때문에 퇴사를 못 한다고, 나는 '전해'들었다. 마지막 급여에서 내가 쓴 병가만큼 다 제하라고 전한 뒤, 약속한 날까지 근무를 마치고 그곳을 빠져나왔다. 그 직장으로부터의 해방감은 잠시 나를 안도하게 했다.

이른 나이에 시작한 사회생활이 벌써 10년이 넘었다. 나는 이때를 빼고는 거의 쉬어본 적이 없다. 그만큼 오랜 시간 고생했으니 당분간이라도 여유를 가지고 운동도 하고, 치료도 받자고, 스트레스받지 말고 건강관리만 하자고 결심해놓고서 그 반년 동안 사실 마음 편히 쉬지도 못했다.

모아놓은 돈을 다 써버리면 어떡하지? 쉬는 기간이 너무 길어지는 건 아닐까? 나중에 취업을 못 하면 어떡하지? 꼬리에 꼬리를 물고 늘어지는 걱정들로 인해.

짜증나다; 마음에 탐탁하지 않아서 역정이 나다

짜증은 났지만 싸우는 건 싫어

동생들이 몇 달에 한번 씩 우리 집에 놀러 오면 우린 맛있는 음식을 차려 먹고 보드게임을 하며 함께 시간을 보낸다. 나는 동생들이 참 반갑고 즐거우면서도 한편으로는 분주해진다. 혼자 있을 땐 나의 취향을 맞춘 1인분의 요리를 하고, 좀 부족하더라도 그런 데로 때운다. 빨래는 일주일에 두 번, 청소는 사실 일주일에 한 번 정도면 충분하다.

하지만 커다란 동생이 둘씩이나 오면, 10평짜리 우리 집이 너무 좁게 느껴진다. 거실은 순식간에 아수라장이 되고, 시키는 사람이 없어도 어느새 나는 쉴 새 없이 일하고 있다.

4인용 스테인리스 압력밥솥에 끼니마다 밥을 하고, 요리한다. 시켜먹을 수도 있지만 그래도 몇 끼는 건강하고 맛있는 걸 만들어 함께 먹고 싶기 때문이다. 수시로 간식을 내오고, 한 끼만 먹어도 잔뜩 쌓인 설거지 더미를 수시로 치워낸다. 그뿐 아니라 빨래도 한참 쌓이고 좁은 집이라 바닥도 수시로 치워야 한다.

나는 이럴 때 내 예민한 성격을 여실히 느낀다. 나는 바쁠 때, 내 몸이 하나로 부족할 때, 신경이 잔뜩 곤두서곤 한다. 직장에서 비슷한 상황에 있을 때도 꼭 같은 감정을 느꼈던 기억이 있다. 동생들이 좀 알아서 도와주면 좋으련만 내 맘 같지 않다. 나는 일일이 누구야 여기 테이블 좀 치워줘, 누구야 이거 좀 도와줘, 하고 세밀하게 지시해야 한다.

동생들은 일단 내가 말하면 하던 일을 멈추고 도와주는 시늉이라도 꼭 하는 착한 애들이다. 그렇지만 썩 마음에 들지는 않는다. 빈 그릇을 치워달라고 했으면 설거지통에 넣어주면 좋을 텐데 또 다른 자리로 전부 옮겨놓기만 한다. 그나마도 부탁하지 않으면 모든 집안일은 내 차지다. 처음엔 동생들이 놀러 온 거니까 그냥 내가 하자 하다가도 계속 반복되다 보면 왠지 억울하다. 부탁하면 해주지만, 알아서 도와주지 않는 동생들이 좀 얄밉고, 나는 바쁘고, 그래서 짜증이 난다.

"야! 이거 치우라는데 도대체 왜 옮겨놓기만 하는 거

야!"

나도 모르는 사이 뾰족해진 말투로 쏘아붙이자 언니 집에 언니 방식이 있는데 내가 어떻게 치워야 할지 어떻게 아냐고 왜 짜증 내냐고, 동생도 되받아친다.

"내가 언제 짜증 냈어! 네가 짜증 내는 건 생각 안 하지?"

사실 나 짜증 난 거 맞다. 그런데 말을 듣고 보니 동생 입장에서 그럴 수도 있을 것 같다는 생각이 들었다. 동생이 알아서 지우더라도 어떻게 내 맘같이, 내 맘에 쏙 들게 치울까.

막냇동생은 누나들 싸우지 말라며 갑자기 열심히 설거지하는 척을 한다. 이전에 막내가 설거지를 마치고 식기 건조대 위에 막 그릇을 올려놓을 때 거품이 보글보글 올라오는 걸 목격한 적이 있었다. 그래서 오늘은 퐁퐁 거품까지만 묻혀놓기로 했다. 헹구는 것은 내 몫이다.

나는 다시 짜증이 난 마음을 삭여보려고, 동생과의 사

이에서 생긴 작은 불꽃을 꺼트려 보려고 말투를 조금 바꿔본다. 괜히 뜬금 없는 어떤 질문으로 이 분위기를 바꿔보려 한다.

짜증은 났지만 싸우는 건 싫기 때문에.

제 2장. 내 마음 속에 있는 유쾌한 감정

설레다	61
뿌듯하다	64
재미있다	67
신나다	69
행복하다	72
평안하다	75

설레다; 마음이 들떠서 두근거리다

혼자 여행은 설레는 것

"휴가 계획 세웠어요?"
우연히 만난 아는 사람이 내게 휴가 계획을 물었다. 나는 여름의 인사말이 있다면 이것이 아닐까, 라고 생각해본다. 만약 나에게 멋진 휴가 계획이 있었다면 한참 동안 신나게 수다를 떨었을 텐데. 아무런 계획이 없다는 말로 대화를 마무리하는 것이 너무나 아쉬웠다.

이번 휴가는 같이 갈 사람도 없으니 스킵해야하나?
혼자 떠나면 외로울 것 같으니 돈도 아낄 겸…

여기까지 생각하던 나는 문득 내가 나를 너무 무심하고 서운하게 대하는 것은 아닌가, 하는 생각이 들었다.

누군가가 나와 함께 하는 여행이 돈이 아까워 못가겠다며 거절했다고 상상해보자. 이루 말할 수 없을 정도로 서운하다.

게다가 누군가와 함께 떠나는 여행은 나에게 온전히 집중할 수 있는, 온전히 나를 위한 시간도 아니다. 그 사람에게 최소 반 정도는 맞춰야한다. 음식도 그렇고, 여행 코스도 그렇다. 예를 들어 커피를 마시지 않는 내가 카페를 좋아하는 친구랑 여행을 간다면 카페 투어만 하루에 세네 군데씩 하기도 한다.

어느 작가가 이별한 사람에게 혼자 여행을 권했던 것도 기억난다. 혼자 떠나는 여행에서 외로움만 더 느끼고 오는 거 아니냐는 질문에 그 작가는 이렇게 대답했다. 혼자 계획하고, 혼자 다니며 나 혼자서도 잘 살아갈 수 있다는 걸 오히려 배우고 온다고…

충동적으로 제주도 항공권을 끊어버렸다. 나의 두 번째 혼자 여행이다. 무계획으로 자유롭게 다니려고 별생각 없이 지내고 있다가, 성수기라 숙소가 없다는 직장 동료의 말을 듣고 갑자기 조바심이 났다. 블로그와 유튜브로 제주도 해변을 비교해보고, 호텔 특가사이트를 뒤져봤다. 하지만 여긴 이래서 마음에 차지 않고, 저긴 저래서 마음에 차지 않아 결정은 못 하고 고민만 더해갔고, 이러다 순식간에 시간만 지나갈 것 같아 내가 꿈꾸는 여행은 무엇인지 머릿속에 그림을 그리며 정리해보기로 했다.

1. 너무 사람 많고 시끌벅적한 관광지보다는 비교적 작고 조용한 바닷가에 가고 싶다.
2. 느지막이 일어나 아점을 먹고 쓰레빠를 질질 끌고 나가면 5분 안에 해변에 도착했으면 좋겠다.
3. 해변이 보이는 카페에서 책도 읽고, 글도 쓰고 싶다. (이건 너무 낭만적일 것 같다)
4. 또 햇볕을 쬐며 바닷가를 따라 오래도록 걷고 싶다. (이전에 우도 해변을 혼자 산책하며 행복했던 기억이 났다)
5. 나는 시장 구경을 좋아하니까 근처에 시장도 있었으면 좋겠다.

여기까지 상상한 나는 마음이 설레오기 시작했다. 내가 원하던 여행은 바로 이런 거였다! 지도 앱을 키고 실제 길을 걷는 것처럼 손가락으로 제주도를 샅샅이 훑어보던 나는, 결국 꿈꾸던 완벽한 바닷가와 숙소를 찾아냈다.

다음 날도 출근이었지만 나는 여행이 기다려지고 설레서 새벽이 되어가도록 쉽게 잠을 이룰 수가 없었다.

뿌듯하다; 기쁨, 감격이 마음에 가득 차서 벅차다

내 마음을 풍요롭게 하는 감정 '뿌듯함'

나는 언제나 스스로 정한 몇 가지의 목표를 가지고 살아가는 사람이다. 과거에는 좋은 직장으로의 이직이나 자기개발을 위해 바쁜 스케줄 속에 나를 몰아넣고 스스로 채찍질하고는 했었지만, 최근은 건강을 위해 세운 작은 목표들이 대부분이다. 작은 목표들은 성공하기 쉬워서, 내가 결과를 돌아보며 자주 성취감을 느낄 수 있도록 도와준다. 바로 내가 뿌듯함을 느끼는 순간이다.

예를 들어 보자면, 내가 아침을 챙겨 먹는 것은 허기를 채우기 위함도 있지만 기왕이면 내 몸을 건강하게 하는 데도 목표가 있다. 그래서 아침으로 뭘 먹으면 좋을지 식단을 계획하고 건강한 레시피를 공부한다. 내 유튜브 앱을 열면 추천 영상으로 다양한 건강 식단 레시피가 뜬다. 내 맘에 쏙 드는 레시피에 열심히 '좋아요'를 누른 덕분이다. 똑똑한 알고리즘 덕분에 열심히 찾지 않아도 대부분 내 취향인 요리들이다. 이 또한 뿌듯함을 느낀다.

오늘 아침에는 오트밀에 두유와 단호박을 넣어 전자레인지에 데워 먹었다. 이 조합은 간단하기도 하고 너무 맛있어 아침으로 자주 먹는 식단이다. 맛있는 것도 좋지만 효능이 무엇인지 알고 먹으면 더 건강해지는 듯 뿌듯한 마음을 느낀다. 이를테면 슈퍼푸드로 유명한 오트밀은 항암효과와 콜레스테롤 수치 등 10가지도 넘는 건강한 효능을 가지고 있다. 단호박은 식이섬유가 풍부하며 노화와 심혈관질환 예방에 도움을 준다고 한다. 두유는 이 레시피에서 부족한 단백질을 채워주고 칼슘 함유로 뼈 건강에 도움을 준다.

점심에는 어제저녁에 유튜브를 보고 미리 만들어둔 계란과 두부, 야채를 넣어 만든 오트밀 볶음밥 도시락을 먹었다. 문득 맛있는 음식을 만들어 낸, 부지런한 어제의 내가 대견하다. 균형 잡힌 식단으로 오늘 조금 더 건강해졌다는 생각에 스스로 또 뿌듯함을 느낀다.

일주일에 4~5번은 30분 이상 운동하자는 목표도 가지고 있다. 운동을 할 때마다 스마트 워치를 켜고 운동 시간과 강도, 횟수 등을 기록한다. 월말이 되어 이달에 얼마나 운동했는지 세어보면 열심히 한 달을 보낸 나 자신이 그렇게 대견할 수가 없다.

날씨가 좋으니 일주일에 두세 번은 자전거를 타고 퇴근하자는 목표도 세워보았다. 처음엔 걸어갈까 생각해봤지만 오랜 시간 동안 지치고 말 것 같아 자전거를 선택했다. 청계천을 따라 자전거 도로가 잘 뚫려있어서 대중교통을 이용할 때와 비슷하게 시간이 걸린다. 자전거를 타고 퇴근한 날엔 스마트폰 어플에 '퇴근길 유산소 운동'을 추가한다. 건강도 챙기고, 교통비도 절약하며, 뿌듯함까지도 느낄 수 있는 나의 꿀팁이다.

나는 내가 성공할 수 있을 만큼 작은 목표들을 자주 세우고 그것들을 이룰 때마다 계속해서 뿌듯함을 느끼고 있다. 그 뿌듯함이 쌓여 나는 마음만 먹으면 뭐든 할 수 있는 사람이라는 자신감도 생긴다.

뿌듯함이 내 마음을 풍요롭게 만들고 있다.

재미있다; 즐겁고 유쾌한 느낌이 있다.

일주일에 하루는 너무 재미있는 직장생활

나는 사내 스포츠 동아리에서 총무를 맡고 있다. 직장에서 동아리 활동은 처음 해보는 것 같다. 우리는 매주 목요일 점심시간에 간단한 점심을 먹고 운동을 하러 간다.

평소에 주로 업무에 관련된 얘기만 나누던 동료들과 공통의 관심사가 생겼다. 우리는 점심 메뉴를 함께 고르기도 하고, 다음에는 어떤 활동을 해보는 것은 어떤지 등의 이야기를 자주 나누게 되었다. 사람들마다 각자 좋아하는 메뉴도, 스포츠도 가지각색으로 다양하다.

최근 볼링장을 다녀왔다. 우리는 3:3으로 팀을 나누어 음료수 내기를 했다. 작은 내기라도 은근히 승부욕이 붙기 때문에 같은 팀끼리 격렬하게 응원하게 된다. 자기 차례가 끝날 때마다 같은 팀끼리 하이파이브는 필수이다. 그래야 더 즐겁기 때문이다. 경기 중에 우연히라도 스트라이크를 치게 되면 엄청나게 짜릿한 쾌감이 있는데, 어떤 동료는 그 순간 신나게 춤을 춘다. 사무실에서는 볼 수 없던 너무 재밌는 광경이라 웃음이 끊이지 않는다.

모임이 끝나면 우리에게는 재미있는 이야깃거리가 몇 개 더 생겨난다. 이야기를 나누다 보면 내가 깜빡 놓쳤던 즐거움을 더 찾아낼 때도 있다. 그래서 즐거운 마음은 나누면 배가 된다고 하나 보다.

신나다; 흥미나 열성이 생겨
기분이 매우 좋아지다

향유와 음미

얼마 전에 퇴근길에 자전거를 타고 집으로 오는데, 몸이 붕 뜨는 것처럼 신났다. 이럴 때면 신나는 노래가 입가를 맴돈다. 신나는 노래를 흥얼거리자 박자에 맞춰 어깨까지 들썩거렸다.

그러다 문득 내가 오늘 왜 신났었는지 궁금해졌다. 하루를 돌아보며 곰곰이 생각해보았지만 딱히 답이 떠오르지 않았다. 그 과정은 내가 한 번도 겪어보지 못한 경험인 듯 어렵고, 어색했다.

나는 다른 사람이 평소보다 신나보일 때면 관심을 가지고 오늘 좋은 일이 있냐며 인사를 건네고는 한다. 하지만 막상 스스로 물음표를 가져본 적이 없다니, 나 자신에게 참 무심했던 것처럼 느껴진다.

어쨌든 그날은 내가 보낸 하루를 돌아보며 생각하고 스

스로 질문을 거듭하여 이렇게 답을 찾아냈다.

1. 나는 그날 동아리 활동이 너무 재미있었다. 준비한 점심 메뉴와 활동에 참여한 사람들이 만족하고 즐거워하는 모습을 보니 뿌듯하고 기분이 좋았다.
2. 회사에 단기 아르바이트가 필요했는데 친한 지인이 제안을 수락해서 잠시나마 함께 일할 생각에 기뻤다.
3. 동생이 주말에 가죽공예를 가르쳐주겠다며 집에 놀러 오라고 초대했다. 가죽공예도 재밌지만, 동생도 내가 보고 싶은가보다, 하는 생각으로 더 기뻤다.

그래서 나는 신났다. 이유를 찾고 나서 후련하고 명쾌해진 마음에 대해 상담사 선생님께 이야기했다. 선생님은 내게 향유와 음미라는 단어를 들어본 적 있냐고 물어보셨다. 좋은 감정을 누리고 오래도록 음미하여 머릿속에 새기는 방법이라고…

이전에 나쁜 일이 생길 때면 왜 나에게만 이런 일이 생겼을까, 라는 생각으로 하루를 곱씹으며 괴로운 시간을 견뎌내곤 했었다. 하지만 막상 내가 신났을 때는 그 좋은 시간을 온전히, 오래도록 누리지 못했다는 것을 깨닫게 되었다.

금방 지나가 버릴 수도 있는 좋은 감정을 오래도록 향유하며 내 안에서 음미한다는 것. 내 삶에서 좋은 시간을 잡아 길게 늘리는 마법과도 같이 느껴진다.

행복하다; 생활에서 충분한 만족과 기쁨을 느끼어 흐뭇하다.

낯설게, 나의 행복을 깨닫는다.

어느 금요일의 퇴근길에 엘리베이터를 기다리다가 다른 부서 실장님을 만났다. 그분이 내게 물었다.
"주말인데 뭐 할 거예요?"
"결혼한 친구네 집이 대전이라 놀러 가려구요."
"실례지만 결혼했어요?"
"아니요. 아직이요."
"결혼하고 싶어요?"
"좋은 사람 만나면요. 실장님은 결혼하시니까 행복하세요?"

그분은 짧은 시간 동안 자신의 이야기를 들려주셨다. 오랫동안 혼자 살다가 40대가 되어 남들보다 조금 늦은 나이에 결혼했다. 처음엔 누군가와 함께한다는 게 너무 행복했지만, 어느새 일상이 되어버린 지금은 책임과 의무만 남았다. 지금 자신은 가족을 먹여 살려야 하는 가장이다.

가볍게 던진 질문에 너무 무거운 대답을 들어버렸고, 그 대답이 오래도록 여운을 남기며 나를 생각하게 만들었다.

익숙해져 버린 행복은 처음의 그 반짝반짝하던 빛을 잃어버리고 만다. 하지만 어느날 낯선 시선으로 내가 가진 익숙한 것들을 다시 돌아볼 때면, 잊고 있던 나의 행복을 다시 찾아내기도 한다.

오늘 내가 요리한 저녁은 맛있었고, 나는 요리하는 것을 좋아한다. 우리 집은 (전체 크기에 비해) 주방이 넓은 편이라 요리하기에 불편함이 없다. 지금 밖에는 비가 내리고 있지만 나는 집 안에서 에어컨을 틀고 뽀송하게 이름 모를 재즈 음악을 들으며 글을 쓰고 있다. 나는 글을 쓰는 걸 좋아하기 때문에 이 시간에서 행복을 느낀다.

낯설게, 나의 소소한 행복을 깨닫는다.

나를 행복하게 만드는 순간들

1. 택배 박스 뜯기
2. 예쁜 옷 입고 밖으로 나가기
3. 햇볕 쬐며 경치 좋은 곳 걷기
4. 맑은 봄, 여름, 가을 날씨
5. 월급날
6. 무언가 쓸모 있는 걸 만들어냈을 때
7. 내가 좋아하는 사람들이랑 보내는 시간
8. 편지 받은 거 읽어 보기
9. 나를 위한 맛있는 요리 차려 먹기
10. 장봐서 냉장고에 맛있는 음식 든든히 채워두기
11. 여행 가려고 짐 쌀 때
12. 어떤 스케줄도 없고, 넷플릭스엔 볼 게 많을 때
13. 군것질
14. 땀 흘리며 운동한 뒤 샤워하기
15. 볼링이나 배드민턴 같은 재미있는 운동 하기
16. 낮은 산 정상까지 등산하기
17. 노래방 가서 락 발라드 열창하기
18. 필요한 물건을 저렴하게 샀을 때
19. 노력한 것에 대해 인정받는 순간
20. 글 쓰는 지금, 이 순간

평안하다; 걱정이나 탈이 없다

마침내 찾은 평안

그날따라 유난히 고된 하루를 보냈다. 내가 원하지 않았지만 새로 맡게 된 업무는 내 몸도 마음도 너무 지치게 했다. 온종일 긴장하느라 땀을 많이 흘렸다. 다리도 발도 퉁퉁 부은 듯 몸이 무척 무겁게 느껴졌다.

터덜터덜 집으로 돌아와 현관문을 열자 내가 좋아하는 하얀 쉬폰 커튼이 바람에 살랑 흔들렸다. 그 커튼 사이로 내가 좋아하는 앞집 나무가 초록색 잎을 무성히 드러내고 있었다. 언제 봄이 왔는지, 얼마 전까지 비쩍 말라 잎 하나 없던 나무였는데…

은은하게 들어오는 햇빛이 내 마음까지도 따뜻하게 데워주는 것처럼 느껴졌다. 곧장 욕실로 들어가 얼굴에 발랐던 선크림을 클렌징 오일로 세심하게 지워냈다. 개운하다. 출근 전에 얇게 발랐던 선크림도 사실은 답답했었나 보다. 내가 좋아하는 노래를 크게 틀어 놓고 따뜻한 물로 샤워를 마쳤다. 샤워가운을 입고 뽀송해진

몸으로 머리를 말리다 리클라이너 소파에 몸을 기대어 눕는다.

포근하다. 평안하다.
내가 가장 좋아하는 감정이다.

문득 다른 사람의 시선으로부터 자유로운 이 시간이, 평안함을 일상에서 찾아낸 이 순간이 행복이라는 생각이 들었다.

20대 초반부터 혼자 살게 된 이후로 나는 집을 좋아하지 않았다. 집에 오면 느껴지는 적막함이 싫었고, 그래서 늘 약속을 잡아야 했었다. 그중에는 관계를 유지해야 한다는 이상한 의무감에 억지로 만났던 사람들이 있었다. 그런 사람을 만날 때면 항상 마음이 불편했다.

그러다 2년 전 코로나라는 감염병이 유행하더니 갑자기 교과서에서 보던 옛 시절처럼 통금이 생겼다. 헬스장이 닫혔고 내가 다니던 배드민턴장도 닫혔다. 나는 반강제적으로 집에서 많은 시간을 보내게 되었고, 답답하게 느껴지는 공간들을 정리하고 집을 돌보게 되었다. 정리된 빈 공간에는 내가 좋아하는 것들을 조금씩 채워

넣다 보니. 어느 순간부터 집이 내게 가장 편안한 공간이 되어 있었다.

이제 나는 내가 가장 오래 머무는 공간에서 편안함을 느낀다. 나는 불편한 사람들과 불편한 공간에 있는 것보다 내 집이, 나와의 시간이 더 편안하다는 것을 깨달았다.

나는 결국 집을 돌보는 것이 아니라 나를 세심하게 돌보고 배려하는 방법을 알게 되었는지도 모른다.

고된 일상의 끝에서 나는 평안을 찾았다. 마침내

제 3장. 내 마음에서 드러난 불편한 감정

미안하다	81
후회하다	84
서운하다	90
질투하다	94
화나다	98
놀라다	101
두렵다	104
혐오하다	108

미안하다; (남에게 대하여) 마음이
편치 못하고 부끄럽다.

미안한 거 아니야. 미안하다는 말 하지 말자.

"뭐가 죄송해? 하나도 안 미안한 일인데. 나는 미안하지도 않은데 미안하다고 하는 게 제일 싫어"
내 통화를 옆에서 듣고 있던 예전 직장의 팀장님은 수화기를 내려놓은 내게 이런 말을 건넸다. 자기가 싫으면 뭐 어쩌라는 거지? 걱정해주는 듯, 핀잔을 주는 듯한 그 말에 나는 오묘하게 기분이 좀 상했다.

그다음에 나는 습관적으로 해오던 그 말에 대해 자연스레 생각해보게 되었다. 나는 왜 이렇게 습관적으로 미안하다는 말을 달고 살았을까? 화내는 사람이 있으면 일단 화를 가라앉히고 싶어서, 그리고 어느 날에는 부탁하는 입장에서 불편한 마음을 죄송하다는 말로 뭉뚱그려 표현하고는 했다.

그럼 화난 사람에게 죄송하다고 했을 때 화가 가라앉았을까? 아니다. 오히려 그 반대일 때가 더 많았다. 상대방은 자기 말이 맞다는 생각으로 기고만장해져 더 고함을 칠 때도 있었다. 그럼 상대방 말고 내 기분은 좀 나아졌을까? 미안하지도 않은데 미안하다고 말할 때면 속마음으로는 무척 억울했고 또 내가 아주 작아지는, 쪼그라드는 듯한 기분을 느끼고는 했었다.

그걸 한번 인지하고 나니 다음부터는 습관적으로 죄송하다는 말이 튀어나올라치면 마음속에서 결사반대의 소리가 들려오곤 했다.
 '미안한 거 아니야. 미안하다는 말 하지 말자.'

이전보다 사회생활 레벨이 몇 단계는 올라간 요즘의 나는 이렇게 말하곤 한다.
"미안해, 부탁할게" 보다는 "부탁을 들어줘서 고마워."
화난 상대방과 이야기할 때도 잘못한 부분이 있다면 그 부분을 짚어서 그만큼만 사과한다. "그렇게 생각하셨다면 그 부분은 죄송합니다."라고.

그렇게 말하는 나는 더 이상 스스로 작아지는, 쪼그라드는 기분을 느끼지 않는다.

그렇다면 내가 진짜 미안함을 느끼는 순간은?

1. 생수를 배달시켰는데 며칠 뒤 땀 흘리며 계단을 올라오는 택배기사님과 마주쳤을 때
(그 이후로 생수 배달은 못 시킨다)
2. 약속 시간에 늦어 친구를 혼자 기다리게 했을 때
3. 만원 버스나 지옥철에서 상대방의 발끝을 밟았을 때(나도 자주 밟혀봐서 그 고통을 안다)
4. 지나가다가 길을 물어보는 사람에게 친절히 길을 알려줬는데, 알고 보니 잘못된 길이었을 때
5. 친구에게 빌린 삼각대가 망가졌을 때
6. 집에서 스텝퍼로 운동할 때(충격 흡수 매트를 두 개나 깔았지만 아래층에 소음이 들릴까 봐)
7. 누군가의 부탁을 거절해야 할 때
8. 떡볶이를 함께 먹다가 앞자리에 앉은 직장 동료의 하얀 블라우스에 빨간 국물이 튀었을 때
9. 오랜만에 만난 친구에게 머릿속에 있는 이야기를 한참 늘어놓다 헤어졌는데, 며칠이 지나 문득 그 친구 이야기를 들어주지 않은 것이 생각났을 때

후회하다; 이전의 잘못을 깨치고 뉘우치다.

후회의 순간들

나는 일주일에 두 번, 야간 대학원에서 수업을 듣고 있다. 얼마 전 수업의 쉬는 시간이었다. 교수님은 오늘 읽은 심리학 논문이 무척 흥미로웠다며 질문을 몇 가지 해보고 싶다고 하셨다. 안 그래도 오늘따라 어려운 수업 내용에 졸립던 참이었는데 잘됐다 싶었고, 어떤 내용일지 호기심도 생겼다.

교수님이 말했다.
"잠깐 시간을 드릴 테니, 지난 3일간 후회되는 걸 적어보세요."

나는 머릿속으로 지난 3일을 그려보았다. 처음은 요즘 너무 열심히 살아서 후회되는 게 없는 것 같은데, 라고 생각했는데 갑자기 몇 가지가 생각나 이렇게 적어보았다.

1. 일요일에 마요네즈 범벅인 샌드위치 먹은 것

2. 일요일 오전에 시간이 있었는데 뭉그적거리다가 뒷동산에 등산하지 않은 것
3. 토요일에 설탕 범벅인 에그롤을 먹은 것
4. 금요일에 학교 수업을 마치고 늦게 집에 도착했는데 갑자기 식욕이 폭발해 밤늦게까지 과식한 것
5. 금요일 수업 과제를 깜빡한 것

"자, 그럼 이번엔 지난 30년간 후회되는 일을 적어보세요."
지난 30년간? 그럼 만 2살부터의 기억인가? 그럼 내 평생의 기억을 들춰야 하는데? 그걸 계산하는 사이 벌써 몇 가지 인생에서 후회되는 일들이 머릿속을 스쳐 지나갔다.

1. 고등학교 때 친했던 친구랑 사소한 이유로 싸운 뒤 졸업할 때까지 오해를 풀지 않은 것
2. 첫 직장을 일찍 그만둔 것(지금 다시 다닐 수 있다면 어떠한 시련에도 잘 버텨낼 수 있을 것 같다)
3. 연락이 뜸해지다 완전히 끊긴 친구들(노력했어야 했는데, 생각만 했을 뿐 아무 행동도 하지 않았다)
4. 독서실에서 공부해서 눈이 안 좋아진 것

여기까지 적던 나는 손을 번쩍 들었다.
 "교수님, 이거 혹시 발표해야 하나요?"
 "발표까진 아니지만, 같이 이야기 나눌 거예요. 밝힐 수 있는 것만 적어주세요."

그러면 여기까지만 적어야겠다.

우린 한 명씩 돌아가며 먼저 지난 3일간 서로의 후회의 순간들을 이야기했다. 들어보니 나처럼 식단관리를 하고 있는데 실패한 사람도 있었고, 수업 예습을 하지 못해서, 가족과 함께 시간을 보내지 못해서 후회하는 사람도 있었다.

이번엔 30년간 후회되는 일이다. 공무원 시험을 중간에 포기한 것, 해외여행을 가볼 걸, 번지점프를 해볼 걸, 다양한 이야기가 나왔다. 그 다양한 대답의 해석이 궁금했다.

교수님은 이야기를 다 듣고 나서 결론을 말씀해주셨다. 최근의 후회일수록 내가 한 행동에 대해 후회하는 경향이, 오랜 기간을 두고 떠올린 후회일수록 내가 하지 않은 행동에 대해 후회하는 경향이 있다는 내용이었다.

교수님은 오늘 결과가 좀 나이대별로 좀 다르게 나온 것 같다고 하셨다. 그렇게 잠깐의 이벤트는 끝났다. 그 논문의 결론이 나와는 100% 맞지 않는 것 같아 왠지 허무하게 느껴졌지만 모든 사람들이 나처럼 사소한 것들을 후회하며 살아간다는 점에서 어떤 면으로 위안이 느껴지기도 했다.

그날 수업이 끝나고 집에 걸어가는 길, 나는 적다 말았던 내 인생의 후회를 떠올렸다.

5. 수능을 망친 후 지방 4년제 대학교와 전문대 입학을 고민하다가 전문대를 선택했던 것

나에겐 학벌 콤플렉스가 있다. 이건 사람들 앞에서 말하고 싶지 않았다. 말 그대로 내 콤플렉스라 부끄럽기 때문이다.

수능을 망쳤지만, 나는 일찍 취업해야 했었다. 빨리 돈을 벌면 내가 동생들과 살 집을 마련해낼 수 있다고 믿었기 때문이다. 그래서 2년제 대학에 갔고, 졸업하기도 전에 내가 선택할 수 있는 직장 중 가장 연봉을 많이 주는 곳으로 서둘러 취업했다. 하지만 내게 어울리지 않

는 직장 분위기, 4년 차에도 적응이 되지 않는 근무 환경에 집은 못 사고 마침내 그 직장을 뛰쳐나왔다.

하고 싶은 일이나, 가고 싶은 직장은 많았지만 그 분야의 전공자나 경력자가 아니면 면접조차 볼 수 없었다. 결국 눈을 많이 낮추고 나서야, 원래 했던 업무와 비슷하게 연결되는 직장에 취업할 수 있었다. 하지만 그 직장의 팀장님은 내 학력에 대해 자주 면박을 주고는 했다. 이전까지는 그런 생각을 해본 적이 없었는데, 그때부터였던 것 같다. 내 학력에 부끄러움을 가지게 된 게.

그래. 치사하니까 한번 해보자, 라는 생각으로 나는 방송대로 편입했다. 직장생활과 학업을 병행하는 것은 생각보다 쉽지 않은 일이었지만 나는 해냈다. 그것도 장학금까지 받을 정도로 아주 좋은 성적으로.

그것만으로도 뿌듯함을 느낄만한 일인데, 여전히 마음 한구석이 채워지지 않았다. 업무와 관련한 자격증을 몇 개씩이나 취득하고, 대학원까지 왔어도 그렇다. 사실 다른 누구 때문도 아닌 나 자신의 시선으로 스스로를 평가하고 계속해서 면박을 주고 있는지도 모른다. 그냥 그런 생각이 들었다.

6. 사랑하는 동생에게 상처 주는 말을 한 것

이것도 사람들 앞에서 말하고 싶지 않았다. 어렸을 때 나는 여동생과 집안일을 가지고 다투다가 화가 정말 많이 났었다. 그때 나는 정말 미성숙한 인간이었던 것 같다. 이성을 완벽히 이긴 감정이 미쳐 날뛰며 동생의 마음을 할퀴고 후벼팔만한 적당한 말을 찾아 헤맸다. 그리고 그 말을 떠올린 나는 생각할 겨를도 없이 입 밖으로 그것들을 내뱉었다.

가끔은 내가 사실은 아주 못된 인간일지도 모른다고 생각하고는 한다. 하지만 내게도 양심이라는 게 있긴 있었다. 어른이 된 나는 상담을 받으며 그간 동생에게 느껴온 죄책감의 실체를 찾아냈고, 뒤늦게 용기를 내어 사과를 건넸다. 동생은 역시 그 상처를 기억하고 있었지만, 눈물을 흘리며 내 사과를 받아주었다.

만약 과거로 돌아갈 수 있는 기회가 주어진다면 사랑하는 동생에게 상처를 주기 이전으로, 나는 돌아가고 싶다.

서운하다; 마음에 아쉽거나 섭섭한 느낌이 있다

종종 삐지는 사람입니다.

난 참 섬세하고 다정한 성격을 가지고 있다. 다르게 말하면 좀 예민한 편이라고 할 수도 있다.

내가 세상에 건넨 다정함에 냉랭함이 돌아올 때, 혹은 나만 빼고 세상이 돌아갈 때 나는 서운함을 느끼며 종종 삐진다. 한편으로는 이렇게 삐지는 내가 속 좁게 느껴지고 그래서 싫어질 때가 종종 있다.

얼마 전에는 오랜만에 회사 동기들을 만나 점심을 먹으러 갔다. 동기들은 나만 모르는 이야기를 한창 나누고 있었다. 한번 끼어볼까 싶다가 어디서부터 질문을 해야 할 지 모를 정도로 대화에서 쏙 빠져있어 끝내 고개만 끄덕이고 말았다. 나라면 내용을 모르는 사람에게 이전에 있었던 이야기를 설명해줄 텐데, 하는 생각으로 서운함을 조금 느꼈었다.

몇 년 전에는 친한 친구의 남자친구를 소개받은 적이

있다. 셋이 조개탕을 먹으러 갔는데 친구가 맛있는 가리비를 실한 것만 쏙쏙 고르더니 자기 남친 그릇에 올려주기 시작했다. 나도 가리비 무지 좋아하는데… 내가 다 먹어버릴까 봐 저러나? 내가 너무 많이 먹는 걸로 보였나? 그날은 친구 커플이 사주는 것도 아니고 같이 계산하기로 약속한 날이었는데, 나는 괜히 스스로 눈칫밥을 먹고 있었다.

그때 친구의 남친이 갑자기 나에게 많이 먹으라는 말을 건넸다. 그러자 친구는 오빠가 왜 얘를 챙기냐며, 평소에는 이렇지 않는데 웃긴다… 뭐, 이런 말들을 했다. 나는 친구가 장난치는 거라는 것을 분명 알았지만, 그걸 받아줄 마음이 별로 내키지 않았다. 그날의 대화라 할 만한 것은 그게 다였다. 그냥 둘이 먹지 왜 굳이 나를 불렀는지, 조개탕이고 뭐고 나는 집에 가고만 싶었다. 그리고 이런 마음을 숨기고 농담을 받아주며 즐겁게 대화를 나눌 수 없는 삐진 나 자신도 싫었다.

며칠 뒤 내게 그날 일을 묻는 친구에게 서운함을 말했다. 친구는 어색한 상황에서는 가끔 행동이 요상하게 나올 때가 있다며 진심으로 사과했다. 친구는 그 때 자기가 어떻게 했으면 좋았겠냐고, 내게 물었다. 귀를 기울여 내 말을 듣는 친구에게 마음을 이야기하던 나는 어느새 서운한 마음이 스르륵 풀리고 말았다.

그렇지만 그날 삐지고 서운해했던 못난 나 자신이 남아있었다. 넓은 마음을 가지고 싶다. 삐지지 않던가 삐져도 티 내지 않고 농담을 받아주던가… 그런 상황에서 표정부터 숨길 수 없는 내가 못내 부끄러웠다. 지금 생각하니 스스로 변명도 못 하고 주눅이 든 과거의 내가 안쓰럽게도 느껴진다. 비난의 화살이 나에게로 향한다는 건 너무나 괴로운 일이다.

이전에 서점에 갔다가 [만만하게 보이지 않는 대화법]이라는 제목에 끌려 산 책이 기억난다. 앞부분만 읽은 그 책은 누군가에게 선물하고 없지만 유독 한 문장이 잊히지 않고 기억에 남았다.

'상처받았다면 무심코라도 웃지 마라'

그 책의 작가는 상처를 준 사람에게 뭐라 말할 수 없을 때는 하다못해 웃지라도 말라고 했었다.
내가 서운하고 삐졌다는 건 어쩌면 상처받은 나를 보호하려는 최선의 선택이었을지도 모른다고 지금에 와서 스스로에게 변명해본다. 내가 안 좋은 소리를 하지 않아도 상대방이 눈치채주고 그만하길 바라는 최소한의 침묵시위 같은 것 말이다.

나는 내 마음이 더 넓어져서 잘 삐지지도 않고, 많은 것을 포용하는 사람이 되길 원하지만 그렇게 다른 사람이 되는 것은 쉽지 않은 것 같다. 노력했는데도 바뀌지 않고 여전한 나를 발견한다면 오히려 더 괴로워질지도 모른다.

그러니 비난의 화살을 나에게 돌려 상처받은 나를 한 번 더 괴롭히지 말자고, 그냥 서운한 내 마음을 나라도 스스로 이해해주고 보듬어보자고, 스스로 다짐해본다.

그때 누구보다 괴로운 건 나 자신이니까.

질투하다; 다른 사람이 잘되거나 좋은 처지에 있는 것 따위를 공연히 미워하다

인스타그램 삭제

자꾸 다른 사람을 쫓다 보면 행복과는 멀어지게 된다. 이건 그냥 내 얘기다. 우리는 가족, 친구나 애인처럼 가까운 누군가를 다른 사람과 비교하면 안 된다는 것, 그러면 그 사람의 기분이 상한다는 것을 너무도 잘 알고 있다.

하지만 나는 인스타그램을 보며 자꾸만 나 자신을 다른 사람과 비교하게 되었다. 그리고 그럴 때마다 스스로 초라하게 느껴져 기분이 상했다.

나는 내가 가지지 못한, 노력해도 가질 수 없는 것들을 가진 행복한 사람들만 가득한 그 세상을 내 핸드폰에서 지웠다. 다른 사람이 아닌 나에게 집중하며 비로소 나의 행복을 찾아가는 중이다.

초딩 인생 최대의 질투

질투라는 단어에 생각나는 에피소드가 정말 많다. 겉으로 티를 내지는 않지만 나는 질투가 많은 편이다.

학창 시절 공부 잘하는 친구, 가정 시간에 바느질 잘하는 친구, 달리기 잘하는 친구, 윗몸일으키기 잘하는 친구, 그림 잘 그리는 친구, 발표 잘하는 친구, 나보다 예쁘고 공부도 잘하는 동생, 일을 너무 잘하고 말도 청산유수처럼 잘하던 직장 동료, 아직도 이해가 안 가는 매일 퇴근길 여자 동료들의 집을 차로 태워다주던 예전 남친, 또 다른 예전 남친에게 수시로 연락하던 그의 여사친들… 어휴 끝도 없다. 모르는 사람들을 향한 질투로 SNS를 지울 정도니 말 다했지, 뭐. 그중에 그나마 귀여운 초등학교 시절 에피소드를 꺼내 보려고 한다.

나에게는 베프가 있었다. 나는 그 친구가 너무 좋았다. 언제부터 어떻게 친해졌는지는 잘 기억이 나지 않는다. 생각나는 건 통통하고 목소리가 크던 그 친구가 짓궂은 남자아이들의 놀림에도 깔깔거리며 웃을 줄 아는 아이였고, 손도 마음도 무지 따뜻했다는 것이다.

난 그 아이를 만나면 뭐 그리 할 말이 많은지 쉴 새 없이 떠들어도 늘 시간이 모자랐다. 함께하는 시간이 너무 즐거웠다. 학년이 바뀌어서 같은 반이 아니어도 우린 매일 쉬는 시간, 하교 시간을 함께했다.

그러던 어느 날 내 베프의 반에 전학 온 아이가 내 친구를 빼앗아 갔다. 전학 온 그 아이는 쉬는 시간도, 하교 시간도 내 베프와 떨어지려 하지 않았다.

나는 내가 가장 좋아하는 친구를 빼앗아 간 그 아이가 너무 밉고 화가 났다. 친구를 찾아가면 항상 그 아이가 옆에 있기 때문에 나는 어떤 비밀 얘기도 할 수 없었다.

참다못해 결국 삼자대면하자고 했다. 그 아이가 너무 밉고, 친구에게도 서운하고 화가 났다. 하지만 그 아이와 내 친구가 사실 딱히 잘못한 일이 없기 때문에 그 친구들 앞에서 막상 난 꿀먹은 벙어리처럼 할 말이 없었고, 당연히 어떤 문제도 해결되지 않았다.

하다못해 나는 친구에게 '질투가 난다. 나도 너랑 놀고 싶고 비밀 얘기를 할 게 있다.' 라는 말이라도 했어야 했다. 그럼 내 친구는 어떻게든 나와 따로 놀 시간을 만들었을 것 같다. 하지만 나는 질투라는 유쾌하지 않은 감정에 빠져 진짜 내가 원하는 것을 알아차리지 못했고, 내 마음을 제대로 표현하지 못했다. 결국 나는 전학 온 그 아이가 새로운 친구들을 사귀기 전까지 한동안 마음 앓이를 할 수밖에 없었다.

지금 생각하면 무척 어이없지만, 동성 친구 사이에서 초딩 인생 최대 질투를 느꼈던 웃픈 경험이다.

감정은 절대적인 것이다.
그 감정대상도 질투도, 그럴 상대적인 감정이다

- 도스토예프스키

화나다; 성이 나서 화기(火氣)가 생기다

그 순간에 내가 화났던 이유

어른이 되고 나서는 이전만큼 화낼 일이 많이 생기지 않는다. 어쩌면 이런저런 경험이 생기면서 어느 정도는 참고 버텨내는 힘이 생겼는지도 모른다. 특히 어느 정도 사회적인 관계가 필요한 사람 앞에서는 더더욱 감정을 절제하게 되는 것 같다.

그렇지만 누군가와 세상에서 가장 친밀한 관계가 되어가는 과정에서는 감출 수 없이 나도 모르던 내 모습이 온전히 드러나기도 하는 것 같다.

20대 초반에 만난 첫 남자친구와 사소한 일로 다툰 적이 있었다. 우리는 토요일에 데이트를 하기로 했었는데, 만나는 시간을 확실히 정하자는 내 말에 남자친구는 내일 일어나보고 정하자고 대답했다. 나는 주말이면 일찍 깨는데, 아무것도 못 하고 언제 일어날지 모르는 남자친구를 기다려야 하는 게 싫었다. 내 입에서 나랑 데이트하기 귀찮냐는 말이 나오자 남자친구는 언성을 높였다. 어느새 우리는 수화기 너머로 얼굴을 붉히며 한참을 싸우고 있었다. 결국 나는 홧김에 토요일에 만나지 말자고 했고 그래 그렇게 하자, 라는 남자친구의 말에 화가 머리끝까지 난 채로 전화를 끊어버렸다.

다음 날이 되어 아침도 챙겨 먹고 운동도 다녀왔지만, 점심 먹을 시간도 채 되지 않았다. 시간이 너무 천천히 지나가는 듯 지루했다. (그때의 나는 혼자 시간을 보내는 방법을 알지 못했다) 나는 원래 계획했던 것처럼 남자친구랑 놀고 싶었고, 지난밤에 싸웠던 일이 별거 아닌 것처럼 느껴졌다. 그래서 남자친구에게 일어나면 연락하라는 문자를 남겼다.

지난밤에는 왜 그렇게 화가 났던 걸까?

늦잠만 자고 싶고, 아무것도 못 하고 기다려야 하는 내 입장은 이해해주지 않는 남자친구가 밉고 화가 났었다. 늦잠을 자고 싶으면 늦게 약속을 잡으면 되지 약속을 정하지 않고 '아무 때나'로 미루는 것이 나에 대한 배려가 없는 것처럼, 잠보다 나와의 약속을 하찮게 여기는 것처럼 느껴졌다. 그래서 더 화가 났다.

그렇다면 내가 먼저 약속 시간을 정하면 되지 않았을까? 아니, 그때 내 머릿속은 화로 가득 찼기에 아무런 생각도, 그 마음을 제대로 설명할 수도 없었다.

상담사 선생님이 가르쳐주셨다. 화는 불처럼 순식간에 달아오르지만 조금만 다른 측면에서 바라보거나, 시간이 지나거나, 상황이 조금만 바뀌더라도 금세 별일 아닌 것처럼 느껴지기도 한다고…
그래서 나중에 후회하고 싶지 않다면 화나는 순간에 내가 왜 화가 나는지, 그래서 내가 진짜로 원하는 것은 무엇인지 돌아보라고 하셨다.

그래서 지금 와서 다시 말해보자면 그 다툼 끝에 내가 하고 싶던 이야기는 '토요일에 만나지 말자'가 아니라 '늦어도 좋으니 데이트 시간을 몇 시로 정하자'는 것이었다.

화날 때 말하지 말고
행복할 때 약속하지 말고
슬플 때 결심하지 말라

- 작자 미상

놀라다; 뜻밖의 일에 가슴이 두근거리다

너무 놀라서 아무 말도 안 나왔어

초등학생 때의 일이다. 여름 방학을 맞아 시골 우리 집으로 놀러 온 사촌 언니에게 동네 이곳저곳을 구경시켜 주고 있었는데, 지나가던 아저씨가 마주친 내 얼굴에 침을 뱉었다.

그때 쿵, 하고 심장이 내려앉았다. 너무 놀라서 어떻게 반응을 할 새도 없이 발이 얼어붙었다.

저 아저씨가 왜 내 얼굴에 침을 뱉었지? 내 얼굴이 마음에 안 들었나? 저 아저씨 혹시 술 취한 것은 아닐까? 갑자기 우리한테 해코지하면 어떡하지? 몸은 얼어붙었는데 머릿속으로는 무서운 생각들이 계속 지나갔다.

그때 사촌 언니가 큰 목소리로 그 아저씨를 불렀다.
 "저기요! 왜 애한테 침을 뱉어요?"
 "내가 뱉고 싶어서 뱉었다. 어쩔 건데 씨발"

인상을 쓰고 욕지거리를 내뱉는 아저씨가 너무 무서워 가슴이 두근거렸다.

"왜 욕을 해요?"
언니는 겁도 없나. 나는 무슨 일이 생길까 봐 너무 걱정되었다. 어느새 심장이 쿵쾅쿵쾅 미친듯이 방망이질 치고 있었다.

"씨발년아, 너 내가 누군지 알아?"
"아저씨가 누군지는 모르겠고, 우리 아빤 경찰 서장이거든요? 지금 아빠 불러요? 사과해요!"

아저씨는 끝내 내게 사과하지 않았지만, 자신의 욕설에도 허리춤에 손을 올린 채 매섭게 자신을 노려보는 언니의 기세에 눌렸는지 도망치듯 가버렸다.

사실 언니의 아빠, 그러니까 나의 둘째 고모부는 경찰 서장이 아니라 택시 기사였는데, 어쨌든 나는 그날 고등학생밖에 안된 언니의 용기에 참 감탄했었다.

그 아저씨를 물리친 언니는 나를 데리고 슈퍼로 가서 아이스크림과 물티슈를 샀다. 나는 그때까지도 덜덜 떨리는 손으로 언니가 주는 아이스크림을 받아들었다. 한 입 베어 문 아이스크림은 달았고 심장까지 짜릿하게 냉기가 전해졌다. 그 냉기가, 놀랐던 내 마음과 비슷하게 느껴졌다.

"왜 그 아저씨가 침을 뱉는 데도 가만히 있었어."
"나 너무 놀라서 아무 말도 안 나왔어."

내 볼을 타고 눈물이 주르륵 흐르자 언니는 물티슈를 내밀었다. 삽살스레 낭한 사고였다. 언니가 앞에서 싸우고 있는데, 한마디도 거들지도 못했다. 나는 쫄보였다.

지금도 그때의 놀랐던 마음이 바로 몇 분 전의 일처럼 생생하다.

두렵다; 어떤 대상이 무서워 마음이 불안하다

숨바꼭질

"내 돈 내고 왜 내가 잔뜩 쫄아야 돼."
누군가 무서운 영화를 보자고 할 때 내가 자주 하는 말이다. 그만큼 공포 영화를 좋아하지 않는다. 그런 내가 봤던 몇 안되는 공포물 중 제일로 꼽는 건 바로 배우 손현주 주연의 '숨바꼭질'이다. 오랜만에 만난 친구들이 요즘 흥행하는 이 영화를 꼭 봐야겠다고, 이 영화가 아니면 안보겠다고 하기에 나는 울며 겨자 먹기로 영화관에 들어갔다.

영화의 내용은 남의 집에 몰래 숨어 사는 사람이 집주인을 죽이고 그 집을 차지하는 소름 끼치는 스토리로 전개되었다. 표적이 된 집마다 범인이 그려놓은 도형으로 된 표식이 있던 것이 기억이 난다. 너무 충격적으로 무서웠었다. 영화가 끝나고 밖으로 나왔는데 해가 다 지고 깜깜한 밤이 되어있었다.

나는 무서워서 도저히 바로 집으로 갈 용기가 나지 않

아 친구들과 함께 근처 카페로 들어갔다. 우린 달달한 빙수를 먹으며 한참 동안 영화 말고 할 수 있는 모든 이야기거리를 총동원해서 수다를 떨다가 헤어졌다.

집에 도착하자마자 불안한 마음으로 우리 집 초인종 주위에 무슨 표식이 없나 샅샅이 훑어보았다. 불을 끄고 침대에 눕자 머릿속에는 그날 본 영화가 떠올랐다.

역시 혼자 사는 사람은 무서운 걸 보면 안 되나 보다.

민속에 이런 속담이 있다고 한다.

두려움이 문을 두드렸다.
믿음이 대답하며 문을 열었더니.
문밖에는 아무도 없었다.

뒤늦은 킹덤 정주행

"와, 어떻게 아직 킹덤을 안 봤어? 그 재밌는 걸 안 봤다니 부럽다."
직장 동료는 아직 드라마 킹덤을 보지 못한 내가 부럽다고 표현했다. 그 표현이 무척 인상적이었다. 그 정도로 재밌다는 거겠지?

사실 나도 두 번이나 킹덤을 보려고 도전했었다. 그렇지만 한번은 밥을 먹다 좀비들의 비주얼에 놀라 종료 버튼을 눌렀고, 또 한 번은 피를 튀기며 서로를 물어뜯고 먹으려 하는 좀비들이 너무 무서워 1화를 차마 못 보고 종료 버튼을 누르고 말았다.

내가 몇 번이나 재도전하며 킹덤을 보려고 했던 이유 중 하나는 주연 배우 주지훈이 내가 몇 년째 이상형으로 꼽는 배우이기 때문이다. 주지훈이 그 드라마에서 어떤 역할로 나오는지 궁금했다. 그리고 얼마나 재밌길래 나온 지 몇 년이 지난 지금까지도 사람들에게 재미있는 드라마 중 하나로 손꼽히는지 너무 궁금했다.

"별로 안 무서운데? 그거 웃겨. 외국 좀비는 으으으~

이러면서 천천히 다니는데 우리나라 좀비들은 겁나 뛰어다녀"
킹덤이 무서워 못 봤다는 내 말에 직장 동료는 이렇게 덧붙였다.

그날 집에 와서 맛있는 음식을 만들고 냉장고에 무알콜 맥주를 꺼내 들고서 용기 있게 넷플릭스를 틀었다. 역병으로 죽은 사람의 인육을 먹은 사람들에게 순식간에 좀비 바이러스가 번졌다. 너무 무서웠다. 무슨 끔찍한 일이 생길 것 같은 불안한 기분. 심장이 두근거렸다. 결국 좀비로 변한 사람들이 멀쩡한 사람들을 쫓기 시작했다.

"그거 웃겨. 우리나라 좀비들은 겁나 뛰어다녀"
그 한마디가 기억나니까 무서웠던 마음이 사라져버렸다. 그리고 주지훈은 멋있었다.

몇몇 장면은 여전히 무서워서 넘길 때도 있었지만, 나는 그 주의 주말까지 킹덤 시즌1 정주행에 성공했다. 마침내!

혐오하다; 싫어하고 미워하다

쥐혐

누군가 내게 세상에서 가장 싫어하는 게 뭐냐고 묻는다면 가장 먼저 쥐라고 대답할 것이다. 그 시커먼 털과 기다란 꼬리까지…
너무 징그럽고 생각만 해도 소름이 끼친다.

찍찍. TV나 영화를 보다가, 재래시장이나 골목길을 지나다가 갑자기 쥐가 튀어나오면 나도 모르게 소리를 빽 지르고 눈을 질끈 감게 된다. 팔뚝에는 우두두 닭살이 돋는다. 언젠가 쥐가 무섭다는 내게 햄스터는 귀엽지 않아, 라고 묻는 친구가 있었다. 나는 구별 안 된다. 둘 다 징그러울 뿐.

어린 시절 나는 시골집에 살았다. 같은 시골이라도 다른 친구들 집은 깨끗한 수세식 화장실을 썼는데, 우리 집은 냄새나는 재래식 화장실을 썼다. 이따금 화장실 밑바닥에서 조그맣고 새카만 쥐를 만났다. 그 쥐가 갑자기 튀어 올라 내 엉덩이를 깨물면 어떡하지, 라는 끔

찍한 상상을 하고는 했다. 나는 쥐를 만날까 봐 화장실에 가는 것이 너무 싫고 무서웠다. 도저히 참을 수 없을 때까지 최대한 참다가 결국 동생의 손을 잡고 화장실로 향하곤 했다.

그럼 뭐든 적는 동생의 다이어리에 한 줄이 또 추가되었다.

'오늘도 언니랑 화장실 같이 가줌'

제 4장. 내 마음에서 드러난 유쾌한 감정

113	후련하다
117	반갑다
120	흥미롭다
124	고맙다
126	든든하다
129	대견하다
133	감동하다
138	사랑하다

후련하다; 답답하거나 갑갑하여
언짢던 것이 풀려 마음이 시원하다.

눈물의 효능

"샘은 진짜 민원 업무가 잘 맞는 것 같아"
아니, 실장님은 이걸 칭찬이랍시고 말씀하시는 건가? 나한테 어떻게 이런 말씀을 하실 수가 있지? 내게 상담 업무를 맡긴 이후 악성 민원인들을 상대하며 얼마나 힘들어하는지, 그걸 옆에서 지켜본 사람이 어떻게 저런 말을 할 수 있는지, 나는 서운하고 답답한 마음이 들었다.

나는 이성보다 감정이 앞서는 사람이다. 무던한 쪽보다는 예민한 쪽에 훨씬 가깝다. 누군가 상처를 주면 나는 상처를 받는 사람이다. 그 상처가 헤집어지면 나는 감정의 소용돌이 속에 휘말려 들어간다. 휩쓸리고 흔들리는 사람이다.

"실장님, 저 민원 업무 하나도 안 맞아요. 너무 힘들고요. 사실 다른 업무 하고 싶어요…"

처음으로 솔직한 마음을 꺼냈다. 원하는 걸 말할 때 눈물이 나오는 안 좋은 버릇은 초등학교 때나 서른 중반인 지금이나 여전하다. 말을 하며 터져 나오는 눈물을 애써 참아본다. 이 나이에 이렇게 울면 이 사람은 날 어떻게 볼까, 창피한 마음이 들었기 때문이다. 나오려는 눈물을 억지로 꾸역꾸역 참아낼 때는 체한 듯 답답한 느낌이 들곤 한다. 명치부터 뜨겁고, 답답하고, 목이 메어온다.

"그래... 근데 있지 샘, 고생하는 만큼 성장하는 거야. 나도 그러면서 많이 배웠어."
이건 또 무슨 말이지? 내 마음을 하나도 이해하지 못하는 듯한 실장님의 말씀에 눈물이 쏙 들어가고 말았다. 더 이상 뭐라 할 말이 없었다.

마침 그날은 상담이 있는 날이었다. 퇴근하고 상담사 선생님을 만나 그때의 답답했던 마음에 관해 이야기했다. 선생님은 이렇게 물었다.
"그럼 호재 씨는 어떤 말이 듣고 싶었어요?"

일단 아까 실장님께 들었던 말은 내가 듣고 싶었던 말이 아니었다는 건 확실했다. 그리고 화도 났다. 하지만 내가 진짜로 듣고 싶었던 것이 어떤 말이었는지, 나는 알 수 없었다. 선생님은 이렇게 말했다.
 "혹시 이런 말은 아니었을까요? 진짜 힘들었겠다. 정말 고생하는 거 알아요."

맞다. 나는 거기에 덧붙여 '지금 업무를 바꿔주지 못해서 안타깝다.'라고 말하는 실장님을 떠올렸다.

그때, 사무실에서 느꼈던 것과는 또 다른 이유로 눈물이 날 것 같았다. 내 마음 깊은 곳에서 진짜로 듣고 싶었던 말은 이런 말이었다. 업무를 당장 바꿔주지 못하더라도 내가 힘들다는 걸 좀 이해해줬으면 했던 거다.

나는 더 이상 참지 않고 눈물을 흘렸다. 보는 사람은 상담사 선생님밖에 없었으니까. 눈물에 대한 창피함도 이게 울 일이냐고 말할 법한 다른 사람들의 시선도 없으니 소리내어 울었다. 나도 울 일이라고는 생각하지 않는다. 그냥 눈물이 나니까 일단 울고 보는 거다.

소리내 우는 순간, 참지 않고 흐르는 눈물이. 신기하게도 내 마음을 후련하게 만드는 듯 했다.

마치 답답하고, 서운했던 내 마음을 위로하는 듯.

반갑다; 그리워하던 사람을 만나거나
원하는 일이 이루어져 마음이 즐겁고 기쁘다.

반가운 메시지

나의 가장 오랜 친구는 고등학교 친구들이다. D는 일찍 결혼하며 대전으로 내려갔고, E는 아직 서울에 살고 있다. 나는 E를 만날 때면 유독 앞뒤도 없이 뒤죽박죽 생각나는 이야기들과 고민거리를 잔뜩 꺼내놓고는 했다. (요즘 이걸 보고 '감정 쓰레기통'이라 부른다고 들었다. 이제야 E에게 미안한 마음이 든다)

아마도 내 눈에 늘 어른스러워 보였던 그 친구가 늘 내 얘기에 귀를 기울여주는 모습에, 작은 일이라도 자기 일처럼 진지하게 같이 고민해주는 모습에, 어떠한 마음의 경계심도 없이 빗장이 풀려 나라는 사람을 그대로 드러내게 되었던 것 같다.

나도 그런 사람이 되어주고 싶었지만, 안타깝게도 나는 E에게 그런 사람이 아니었다. 나는 늘 내 이야기를 많이 하는 사람이었고 친구는 자기 얘기를 하기보다는 늘

들어주는 쪽을 택했다.

언제부터인지 우리는 각자의 삶으로 점점 멀어지게 되었고, 일이 년쯤에나 한 번씩 보는 사이가 되었다. 나는 친했던 친구들이 그리웠다. 예전처럼 지내고 싶었지만 어떻게 해야 할지 방법을 몰랐다. 가끔 연락해보면 대화는 늘 짧은 시간에 끝나버렸다. 시간의 공백을 채우기에 우리는 아마도 너무 멀어졌나 했다.

미루던 약속을 드디어 지켜 오랜만에 셋이 만나자는 약속을 잡았다. 원래는 고속버스를 타고 내려가기로 했었는데, 갑자기 E는 얼마 전 중고차를 샀다며 나를 태우고 직접 운전해서 대전 친구 집까지 가겠다고 했다. 서울에서 대전까지는 거리가 너무 먼데 운전을 부탁하는 것이 마음이 불편했다. 내심 그 시간이 어색할 것 같아 걱정도 되었다. E에게 넌지시 얘기하자 자기는 직접 운전하는 게 더 좋다고, 그게 더 편하다고 했다.

약속한 날이 되어 E를 만났다. 어색할까 걱정했던 그 시간에 우리는 그동안 모르고 지냈던 서로의 근황 토크를 시작으로 어느새 고등학교 시절 재미있는 추억까지 새록새록 떠올렸다. 서울에서 대전까지 가는 길 내내 이야기꽃과 웃음이 피었다. 순식간에 우리는 대전에 도착했고, 반가운 친구들과 오랜만에 즐거운 시간을 보내고 돌아왔다.

그 뒤로 몇 주가 지났다. 직접 만든 지갑 사진으로 내 프로필을 바꿔놓은 어느 날, E의 메시지를 받았다.
 "지갑 네가 만든 거야?"

E는 자기도 예전에 이런 원데이 클래스에 참여했었는데 너무 재밌었다고, 자기가 만든 지갑 사진까지 보내주며 한참 이야기를 나눴다. 그게 다였다. 특별한 내용 없이 그날의 대화가 끝났지만, 나는 먼저 연락해준 E가, 그 메시지가 그렇게 반가울 수가 없었다.

다음에는 내가 먼저 친구에게 연락하고 싶다는 생각을 했다. 그때 너도 내가 그랬듯 내 연락이 반가웠으면 좋겠다.

흥미롭다; 흥을 느끼는 재미가 있다.

1초 만에 나의 흥미 찾기

나는 궁금한 게 생길 때면 유튜브보다는 블로그를 먼저 찾고는 한다. 블로그는 스크롤을 내리며 내가 원하는 정보를 빠르게 찾을 수 있지만, 유튜브는 내가 원하는 정보가 나올 때까지 기다리거나 재생 바를 넘기며 찾는 게 불편하게 느껴지기 때문이다. 효율성의 문제뿐만 아니라 개인의 취향으로도 영상보다는 글로 읽으며 보이지 않는 것을 상상하고 꿈꾸는 것을 더 선호하는 편이다.

그러던 나도 요즘 들어 유튜브 알고리즘의 신기한 매력에 빠졌다. 내가 꼭 보고 싶은 영상들만 골라내 추천 영상 리스트에 띄워주는데 보지 않을 수가 없다. 얼마 전에는 종일 어떤 노래를 흥얼거리고 있었다. 어디서 들었는지도 기억나지 않았고, 어떤 가수의 노래인지 제목이 무엇인지도 몰랐다. 그러다 유튜브 뮤직을 켜서 추천 음악을 틀자마자 그 노래가 나오는 거다. 너무 소름이 돋았다. 동생한테 얘기했는데 동생도 오늘 막 똑같은 경험을 했다고 했다. 두 번 놀랬다.

그래서 내가 하고 싶은 말은 내가 어떤 분야에서 흥미를 느끼는지 모른다면 지금 바로 유튜브 앱을 켜서 알고리즘을 살펴보라는 것이다.

나는 지금 유튜브를 켰다. 내 추천 동영상에는 재즈 음악, 쉐도잉 영어 회화, 다이어트 요리, 무한도전, 자취방 소개 영상, 인디자인 강의 동영상이 뜬다. 역시나 내가 지금이라도 눌러서 보고 싶은 흥미 있는 영상들이다.

난 음악을 잘 모르지만, 집에 있을 때는 주로 재즈 음악을 틀어놓는다. 적막한 집을 따뜻하게 만들어주는 부드러운 선율에 내 마음까지도 부드러워지는 것 같다.

얼마 전에는 집에서 스텝퍼로 운동을 하며 유튜브 추천 리스트를 넘기는데 쉐도잉 영어라는 영상이 떴다. 며칠 전에 직장에서 외국인의 전화를 받게 되었던 날. 진땀을 흘리던 일이 생각났다. 그때 영어 공부하고 싶다는 생각을 잠시 했었는데, 어떻게 그걸 알아냈지?

영상을 눌러보니 실생활에 쓰이는 문장을 우리말로 들려주며 동시에 자막으로 영어 빈칸 문장이 떴다. 그때 빈칸에 어떤 단어가 들어가면 좋을지 유추해본다. 그다음에는 원어민이 영어로 문장을 읽어주며 빈칸이 채워졌다. 쉽고 아는 단어들로 구성되어있어서 다음에 해외여행을 간다면 외국인과 대화도 할 수 있을 것 같다는 자신감이 마구 생겼다.

다른 문화권에 사는 외국인들과 자유롭게 이런저런 사는 이야기를 수다 떨어 보고 싶다. 그들이 무슨 생각을 하면서 살아가는지 나는 늘 궁금했다. 운동을 하는 내내 신나게 눈으로 입으로 영어 공부를 했다.

난 또 다이어트 요리에도 관심이 많다. 수술 이후로 식단관리에 큰 노력과 시간을 쏟고 있다. 최소 일주일에 두세 번은 도시락을 싸서 다니고 있는데, 집에서 해 먹는 요리와는 다르게 출근길에 싸가는 도시락은 영양적으로도 균형이 잡혀있으면서도, 예쁘고 간편하면 좋겠다. 유튜브에는 그런 레시피들이 무궁무진하게 많아 자주 활용하고 있다.

무한도전은 학창 시절부터 어른이 된 지금까지 몇 번을

다시 봐도 재미있는 추억의 예능이다. 심심할 때 틀어놓으면 오랜 친구들을 보는 것같이 정겹다.

자취방 소개 영상은 다른 자취생들이 집을 어떻게 꾸미고 어떻게 사는지를 소개하는 채널이다. 인테리어, 정리수납 등 자취 꿀팁을 얻을 수 있어 눈여겨보고 있는 영상이다.

마지막으로 인디자인 강의는 이번 책을 쓰고 직접 북디자인을 하게 되며 처음 접하게 되었는데, 새로운 기술을 배우고 조금씩 실력이 늘어가면서 재미를 느끼고 있다. 내가 글 쓰는 것을 좋아하는 줄로만 알았지, 디자인에도 흥미가 있었는지는 직접 해보기 전까지 미처 몰랐었다.

이상 유튜브 추천리스트를 통한 나의 흥미 소개를 마친다.

고맙다; 남이 베풀어 준 호의나 도움 따위에
대하여 마음이 흐뭇하고 즐겁다

모르는 사람에게 느낀 고마운 마음

오늘도 아침에 일어나자마자 부랴부랴 출근 준비를 마치고 엊저녁에 데쳐놓은 문어숙회와 잡곡밥, 밑반찬을 알차게 도시락 가방에 채워 나왔다. 뚜벅이가 도시락을 챙겨 다니는 건 쉽지 않다. 지하철을 타자마자 통통하고 무거운 도시락 가방을 짐칸으로 올렸다.

그리고 핸드폰 시작. 스마트폰을 갖게 된 뒤로 시간이 무척 빨리 지나가는 걸 자주 느낀다. 생필품부터 시작해서 다이어트 간식 쇼핑, 유튜브, 연예 뉴스 그리고 이북까지 바쁘게 읽다 보면 어느새 종각역이다. 꽉 차 있던 사람들이 우르르 입구로 몰린다. 나도 그 인파를 뚫고 입구로 향하고 있었다.

톡톡. 그때 누군가 내 어깨를 두드렸다. 아는 사람인가? 고개를 돌리자 얼굴이 하얀 여자분이 웃으며 짐칸을 가리켰다. 오마이갓. 하마터면 내 도시락 가방을 두고 내

릴 뻔했다. 맛있는 내 점심밥. 그리고 큰맘 먹고 장만한 비싼 실리콘 도시락통까지… 다시는 못 볼 수도 있었다. 모르는 사람이 베풀어 준 친절에 아침부터 고마운 하루가 시작되었다. 마음을 담아 고맙다는 말을 건네고, 서둘러 지하철을 내렸다.

그날 퇴근길. 자전거를 타고 신호등이 없는 길에서 차가 다 지나갈 때까지 마냥 기다리고 있는 나에게 먼저 지나가라며 기다려주는 차주님에게 고마움을 느낀다.

살아가면서 종종 이렇게 모르는 사람에게도 배려를 아끼지 않는 사람들을 만나게 되곤 한다.
아직 세상은 살만한가 보다.

"감사합니다!"

상대방에게 들리지 않을지라도 나는 꼭 이렇게 소리내어 말해본다. 고마운 마음이 들 때면 그때 그때 표현하는 것이 내 마음을 더 편안하게 만들기 때문에.

든든하다; 어떤 것에 대한 믿음으로 마음이 허전하거나 두렵지 않고 굳세다

든든한 냉장고

자취하는 직장인에게, 특히 나 같은 집순이에게 다양한 식재료로 가득 찬 냉장고는 무엇보다 든든한 존재다. 주말 내내 집 밖으로 한 걸음을 안 나가고도 버틸 수 있게 해준다. 거기다 조금만 부지런히 보내 밀프렙 식단까지 준비해둔다면, 요리를 매일 하지 않아도 든든하게 일주일을 보낼 수 있다.

지난 주말 신나는 노래를 틀고 창문을 활짝 열고 부지런히 요리를 시작했다. 오징어와 야채를 듬뿍 넣고 매콤하게 만든 오징어볶음은 만들자마자 사 등분 해서 실리콘 용기에 담아놓았다. 갓 쪄낸 양배추도 먹기 좋은 크기로 잘라 소분해서 냉장고행. 그건 오징어볶음이랑 같이 먹을 거다. 삶은 감자를 으깨고 냉장고에 있는 야채들을 다져 넣고 소금, 후추, 마요네즈로 간을 해서 샌드위치 속을 만들어뒀다. 아침에 토스트를 구워 발라먹으면 너무 맛있고 속도 든든하다. 세일할 때 구매한 단호박도 깨끗이 씻어 쪄낸 다음 사 등분 해서 냉동실행. 아침에 오트밀이랑 같이 먹을 거다.

나는 빵, 쿠키를 무척 좋아하는데 시중 빵이나 쿠키는 GMO 밀가루, 가공 버터와 설탕을 너무 많이 넣고 만든다. 그걸 알고 나서는 아무거나 막 사 먹을 수가 없었다. 그래서 몇 년 전부터 유튜브를 보며 좋은 재료로 직접 베이킹을 하고 있다. 무농약 국산 밀가루와 현미유나 코코넛 오일로 쿠키를 굽고, 아몬드 가루와 카카오 파우더로 달지 않은 초코케이크를 만든다. 하나씩 맛보고 또 소분해서 냉동실에 넣어 놓는다.

방울토마토는 5분 이상 물에 담갔다 깨끗이 씻어 물기를 없앤 다음 실리콘 지퍼백에 넣어둔다. 씻기 귀찮아서 잘 먹지 않는 과일도 바로 먹을 수 있게 준비만 해둔다면 잘 챙겨 먹을 수 있다.

자기 전에 큰 두유 팩에 유산균을 조금 넣고 막 흔든 다음 조그만 유리병들에 100mL씩 부어서 요거트메이커에 넣고 자면, 아침에 고소한 두유 요거트가 완성되어 있다. 하나는 먹고, 나머지는 냉장고에 넣어둔다. 요거트는 면역력에 좋다고 해서 매일 한 병씩, 아침이나 간식으로 챙겨 먹고 있다.

이렇게 냉장고에 잘 쟁여둔 음식들은 출근할 때 점심 도시락으로 챙겨가기에도 좋고, 퇴근 후 요리할 필요 없이 하나 꺼내서 전자레인지에 돌려먹으면 간편하다.

평일에 퇴근하면 만사가 귀찮아 바로 코앞에 있는 마트까지 나가는 것도 쉽지 않다. 그럴 때 든든한 냉장고는 내 배만 채우고 마는 게 아니라 내 마음까지도 넉넉하게 채워주었다.

대견하다; 흐뭇하고 자랑스럽다

내 자식을 기른다면 이런 기분일까?

1년 전. 지금 직장에 입사하게 되었을 때 나는 지인에게서 식물 수경 재배 세트를 선물 받았다. 작은 이파리가 두 개 피어있는 몬스테라였다. 선물해주신 분은 이게 키우기 쉽다며 컴퓨터 옆에 가습기처럼 두라고 했다.

식물 같은 걸 키우는 취미는 없는데… 나의 무관심으로 이 파릇파릇한 식물을 또 죽이게 될까 봐. 애정이 없어 키운 식물도 죽는 걸 보면 늘 죄책감이 들곤 했었으니까. 그리 기쁜 선물은 아니라는 생각을 했다.

키트에는 설명서가 한 장 들어있었는데, 읽어보니 키우는 방법이 무척 쉬웠다. 처음 분갈이하느라 흙이 묻어있으니 흙이 완전히 사라질 때까지는 1주에 한 번씩 물을 갈아주고. 그 뒤로는 2주에 한 번씩만 물을 갈아주면 끝이었다.

책상 한쪽에 몬스테라 화병을 두고, 달력에 크게 표시해 두었다. 키우기 시작한 날, 물 갈아줘야 하는 날. 사무실에 두고 키우니 달력에 크게 동그라미가 그려진, 물 갈아줘야 하는 날을 잊을 수가 없었다. 날짜에 맞춰 물만 갈아줬다. 몬스테라를 제대로 마주한 적도 없었다. 잊고 살고 있었다.

어느 날 나는 스트레칭을 하며 우연히 시선이 닿은 곳에서 몬스테라의 작은 새싹을 발견했다. 그걸 보며 오묘한 감정이 들었다. 자식을 기른다면 이런 기분일까? 아니, 이거랑은 비교도 안 되게 웅장하겠지. 내 자식은 내 새로운 세계, 내 우주라는 표현도 들어봤던 것 같은데… 그래도 혼자서 열심히 뿌리를 내리고 새싹을 틔워낸 그 식물에 대한 뭉클함은 내 마음을 충분히 벅차오르게 했다. 나의 무관심 속에서도 열심히 자라고 있던 그 식물이 너무 대견했다.

관심을 가지고 나서 보니 그 식물은 어마어마한 성장 속도로 자라고 있었다. 주말이 지나고 오면 눈에 띄게 부쩍 자라있었다. 뿌리는 점점 더 길어지고, 줄기는 굵고 탄탄해졌다. 새로 난 새싹의 줄기에서 또 작은 이파리가 새로 나고 있었다. 윤기나는 초록 잎이 참 예뻤다.

대부분의 직장인들에게 월요일 출근은 고통 그 자체라는 것에 아마 다들 공감할 것이다. 그렇지만 내 책상 한쪽에 있는 몬스테라가 얼마나 자랐고 어떤 모습일지, 나는 출근길이 아주 조금 설레고 궁금했다. 그 초록 생명체가 더 잘 자라라고 나는 유튜브로 몬스테라에 관련된 영상을 찾아보고, 영양제도 구매해 넣어주었다.

몇 달이 지나니 처음에 두 개였던 이파리가 다섯 개까지 늘었다. 또 몇 달이 지나면 몇 개씩 귀여운 새싹을 새로 틔워냈다. 중간중간 가지치기해서, 몬스테라에 관심을 가지는 동료들에게 나눠 주었다. 내 동료들도 자신의 책상에서 몬스테라의 성장을 구경하는 재미에 푹 빠졌다.

반려 식물. 이전의 나는 식물에 '반려'라는 단어가 어울리는 단어인가, 하는 생각을 했었다. 움직이지도 못하고 꼬리도 못 흔드는 식물이 무슨…

그렇지만 이 초록 생명체는 내게 조용한 행복을 전해주고 있다. 이런 행복감을 전해주는 식물에게 책임감이 든다. 내 책상 같은 지저분하고 안 좋은 환경에서도 새싹을 틔우고 열심히 자라나는 이 식물에게. 대견함을 느낀다.

이 식물과 함께, 나도 세상을 열심히 살아갈 용기를 얻는다.

감동하다; 크게 느끼어 마음이 움직이다

큰누나 = 나를 잘 챙겨준다

"큰누나 얼굴에는 왜 벌레가 살아? 징그러워"
마을버스 정류장엔 수십 명의 사람이 기다리고 있었고, 그 지루한 사람들의 시선은 막냇동생이 가리키는 내 얼굴에 집중되었다.

그때 난 여드름이 많이 났고 외모에 관심이 부쩍 많이 생기기 시작한 여고생이었다. 그리고 막내가 지칭한 벌레는 내 얼굴에 난 여드름을 뜻했다.

내 얼굴을 쳐다보는 많은 사람들의 시선과 웃는 소리에 화르륵, 얼굴이 달아오르는게 느껴졌다. 나는 다른 사람들에게 들리지 않을 정도의 작은 목소리로 막내에게 속삭였다.
"넌 진짜 나쁜 새끼야. 이제 나보고 누나라고 부르지마. 나, 네 누나 안 해."

나보다 여섯 살이나 어린 막내는 외모는 귀여웠지만,

어렸을 적부터 이렇게 하는 행동이 얄미울 때가 많았다. 나는 그런 막내와 투닥투닥 자주 다투다가도 다리가 아프다고 칭얼거리는 막내를 등에 들쳐 업고, 등에 뜨뜻한 온기를 느끼며 시골길을 걸어 집에 오고는 했다.

일찍 직장생활을 시작한 나는 맛있는 걸 먹을 때마다 동생들 생각이 났다. 처음 먹어보는 맛있는 음식이 있으면 기억해뒀다가 동생들도 먹어보게 하고 싶었다. 우린 어린시절을 시골에서 가난하게 보냈기에 안 해본 것도, 안 먹어본 것도 너무 많았다. 마음만큼 많은 걸 해주지는 못해도 늘 애틋함을 느꼈다.

그러던 나에게도 남자친구가 생기자 직장생활에 데이트까지 바빠지며, 점점 동생들에게 소원해지게 되었다. 막상 동생들은 어떤 말도 없었지만 나는 내심 미안한 마음을 느꼈었다.

많은 시간이 흐른 어느 날, 고등학생이 된 막내의 방에 들어갔다가 책상에 놓인 노트를 발견했다. 무심코 열어본 페이지에는 수업 시간에 쓴 듯 삐뚤빼뚤 동생의 못생긴 글씨로 가족에 대한 소개 글이 적혀있었다. 그중에서도 '큰누나'라는 글자가 눈에 들어왔다.

'큰누나 = 나를 잘 챙겨준다.'

막내는 한 번도 내게 그런 말을 건넨 적 없지만, 그 문장은 그애가 나에게 '큰누나, 그동안 나를 챙겨줘서 고마워'라고 건네는 말로 들리는 듯했다.

마음이 뭉클해졌다.

언니만 주는 거야

감동에 관련된 에피소드에 막내가 생각나더니 이번엔 얼마 전 둘째가 내게 준 세상에 하나뿐인 선물이 떠오른다. 나는 둘째 여동생과도 별것도 아닌 일로 자주 다투곤 했었다. (이쯤 되면 내가 속이 그리 넓은 첫째가 아니라는 것을 다들 눈치챘을 것이다)

나와 두 살밖에 차이가 나지 않는 둘째 동생은 웬만한 일로는 화를 잘 내지 않지만 한 번 다투면 자존심이 강해서 절대 먼저 사과하는 법이 없다. 하지만 (대부분인) 내가 먼저 잘못한 날, 뒤늦게 미안한 마음이 들어 손을 내밀면 동생은 언제나 그 손을 잡아주고는 했다.

몇 달 전부터 동생은 가죽공예를 시작했다고 하더니 언니는 어떤 가방이 갖고 싶냐고, 좋아하는 색깔이며 좋아하는 디자인이며 내 취향을 묻기 시작했다. 난 미니 크로스백을 갖고 싶다고, 좋아하는 색깔은 딱히 없고 빨간색 가방만 아니면 된다고 했다. 빨간색을 딱히 싫어하는 건 아니지만 코디하기가 왠지 까다로울 것 같았다.

짜잔. 두 달쯤 시간이 지난 어느 날 동생은 작고 귀여운 크로스백을 내밀었다. 커다란 내 손바닥보다 조금 더 큰 반달 모양 갈색 가죽가방이었다. 사 왔다고 해도 믿을 만큼 귀여운 가방이 내 마음에 쏙 들었다. 동생은 퇴근하고 매일 4시간씩 만들었다고, 직접 재단해 자르고 붙이고 한 땀 한 땀 송곳으로 뚫어 바느질해서 만들었다며 의기양양해 했다.

"언니. 가방 만드는 거 진짜 너무 힘들어. 다른 사람은 돈 준대도 아까워서 못 줘. 언니만 주는 거야"

이런 순간에 나는 감동해 눈물이 핑 돌지만 부끄럽기에 꾹 참는다. 앞에서 하는 낯간지러운 말보다 시간 허투루 쓰는 거 질색하는 내 동생이 내 가방을 만들어 주겠다고 써준 시간이 백배는 더 감동적이다.

나는 매일 내 동생 표 가방을 메고 다닌다. 동생이 만들어줘서 더 귀엽고 사랑스러운, 세상에 하나뿐인 이 가방을 온 세상 사람들에게 다 자랑하고 싶다.

사랑하다; 어떤 사람이나 존재를 몹시 아끼고 귀중히 여기다

조건적 사랑

"그런 얘기는 하는 거 아니래. 분명 뒷말 나온다고…"
누군가 던지듯 건넨 말에 나는 또 휩쓸리고 말았다. 수다 중에 최근 가장 큰 고민거리였던 집 계약 얘기를 꺼냈다가 이런 말을 들은 그날, 나는 사적인 이야기를 그다지 친하지도 않은 사람들에게 털어놓은 내 행동을 곧바로 후회했다.

처음에는 '그래, 나는 왜 이렇게 말이 많을까. 말하고 싶어 못 참을까' 라는 생각을 했었고, 곧 그 참을성 없는 말 많은 내가 못마땅하고, 부끄럽고, 밉게 느껴졌다. 성격이 미우니 거울 속에 비치는 내 모습도 못나 보였다. 자주 보였던 흰머리가 유난히 도드라져 보인다. 나이 들어 보이고, 못생겼다. 살도 찐 것 같네. 정말 마음에 들지 않는다.

상담 시간에 나는 그 이야기를 꺼냈다. 마음이 지쳐서,

그만 날 미워하고 나를 좀 사랑하고 싶어서. 그런 방법을 배울 수만 있다면 배우고 싶어서…

"요즘 저 자신이 너무 별로예요. 말도 많고, 성격도 급하고, 자주 삐지고, 식탐도 많고요. 거기다 외모도 맘에 안 들어요. 거울을 보면 흰머리가 너무 많아서 나이 들어 보여요. 살도 찐 거 같고요. 게다가 암 환자예요. 이제 아무도 저를 사랑해주지 않을 것 같아요…"

"그런데 제가 늘 자신을 미워하는 건 아니거든요. 어느 날은 스스로가 사랑스럽고, 자랑스럽게 느껴질 때도 있어요. 저는 사람들과 금방 친해지기도 하고, 또 어려운 일을 잘 해내기도 해요. 그리고 뭔가 쓸모 있는 걸 만들어낼 때, 운동을 열심히 할 때, 요리했는데 너무 맛있을 때… 그럴 땐 제가 정말 좋기도 하거든요?"

한참 동안 늘어놓는 내 말을 듣고 있던 상담사 선생님이 입을 열었다.
"호재 씨는 조건적인 사랑을 하는 것 같아요."
"조건적인 사랑이요?"
"내가 잘했을 때만 나를 좋게 보는 조건적 사랑이요. 잘하지 않았을 때는 나를 미워하고… 내가 열심히 살고, 뭔가 해냈을 때만 나 자신을 사랑하고 그게 아닐 때는 나를 사랑하지 않는 거예요. 얼마나 괴롭겠어요. 늘 내가 나를 잘하나 못하나 감시하고 있는데…"

요즘 TV를 틀어 채널을 몇 번만 돌리면 양육 프로그램을 쉽게 접할 수 있다. 그걸 볼 때마다 부모의 조건적인 사랑이 자녀에게 해가 된다는 것이 당연하다고 생각했던 내가 정작 나를 조건적으로 사랑하고 있었던 줄은 몰랐다.

상담사 선생님은 말했다.
"내가 나이가 들던 흰머리가 났건 내가 암 환자이던 내 비중을 깎아 먹을 수 없어요. 외부적인 것에 따라 내 가치가 높아지고 낮아지는 게 아니에요."

상담받을 때면 종종 이렇게 생각지도 못했던 지점에서 스스로 성찰하게 된다. 나의 뇌 근육 어느 부분이 또 뻐근해져 옴을 느낀다. 어색하지만 기분 나쁘지 않은 뻐근함이다.

스스로 객관화가 어려울 때, 나는 상상 속의 인물을 불러오고는 한다. 그럴 때면 혼자서 어렵게 느껴지던 문제가 풀려 쉽게 이해되고는 한다.

어떤 친구가 나만 만나면 내 단점을 찾아 지적한다고 상상해보았다. 그 친구가 만날 때마다 내가 어찌할 수도 없는 내 단점들, 그러니까 흰머리, 나이 듦, 못생김, 살찜, 수술 전력 같은 것들로 나를 계속 지적하고 미워한다고…

나는 그제서야 내 마음이 그토록 지쳤던 이유를 제대로 이해할 수 있었다.

이제 더 이상 나 자신을 감시하고 미워하지 않기로 다짐해본다. 그동안 해왔던 사고방식을 바꾸는 건 쉬운 일이 아니다. 하지만 내가 행복해지길 바라는 나는, 온전히 나 자신을 사랑하는 연습을 해보려고 한다.

미안해. 다른 사람 말을 듣자마자 수더분한 내 성격을 미워하고, 행동을 후회했고, 나 자신을 보잘것없는 사람처럼 여겼어. 나도 그럴 만해서 그런 이야기를 한 걸 텐데. 믿어주지 못해 미안해.

미안해. 거울을 볼 때마다 점점 나이 들어 보인다고 생각했고, 자꾸 엉덩이랑 허벅지랑 종아리랑 살쪘다고 느꼈어. 나 자신을 사랑하고 예뻐해 주지 못해 정말 미안해.

당신이 무엇을 하던지
그것을 하는 당신 자신을 사랑하라.
당신이 어떤 감정을 가지고 있던지
그런 감정을 가진 당신 자신을 사랑하라.

- Thaddeus Golas

내게 있어 사랑은

영화 헤어질 결심의 후반부에 탕웨이가 이렇게 말했다.
"당신 목소리요. 나한테 사랑한다고 하는…"

박해일은 그런 고백을 한 적이 없다고 했다. 실제로 '사랑한다'는 말을 입 밖으로 꺼낸 적이 없기 때문이다. 하지만 형사라는 직업에 자부심을 가진 박해일이 '완전히 붕괴되어' 탕웨이의 살인을 덮기 위해 했던 이 말은 탕웨이에게 사랑 그 자체였다.
"깊은 바다에 버려요. 아무도 못 찾게요."

사랑이라는 단어에 가장 최근에 봤던 멜로 영화가 떠올라 몇 자 적어보았다.

어릴 적 나는 부모님의 따뜻한 사랑을 받지 못하고 자랐다. 간절히 원했지만 받지 못한 사랑은 결핍으로 남았다. 그래도 다행히 내겐 동생이 둘이나 있었다. 나는 그리 이해심 깊은 언니, 큰누나가 아니었어도 동생들은 나를 있는 그대로 좋아해 주었다. 어느 날 동생들은 나의 가장 친한 친구였고, 투닥거리다가도 무슨 일이 있으면 눈물을 글썽이며 걱정하게 되는 사랑하는 가족이었다.

초등학생이 된 내게 가장 친한 친구가 생기게 되었다. 그걸 '베푸'라고 부른다고 친구는 가르쳐줬다. 다른 사람보다 내게 더 잘해주는 친구에게서 사랑을 배웠다. 사랑하는 사람에게는 남들보다 관심을 가지고 배려하며 더 잘해줘야 한다는 것, 그게 상대방을 웃게 하고 행복하게 만든다는 걸 알게 되었다.

직장인이 되고 첫 남자친구가 생겼다. 남자친구에게 받는 사랑은 그간 경험한 것과 비교할 수 없을 만큼 크고 달콤했다. 한 어른의 모든 관심과 애정을 받는 주인공이 바로 나였다. 그 이후로도 몇 번의 연애를 거듭했는데 같은 체육관에서 운동하다가 만난 오빠가 기억에 남는다. 그 사람은 만나본 사람 중에 가장 애정 표현을 잘했다. 전화를 걸면 통화연결음이 두 번도 채 울리기 전에 내 전화만 기다렸다며 반갑게 내 이름을 불러 나를 웃게 만드는 목소리, 매일 보고 싶다며 나를 찾아와 기다리는 모습이 커다란 강아지처럼 사랑스러워 보였다.

애정 표현이 남다르던 그 사람은 황당하게도 사귄 지 두 달 만에 완전히 끝났다던 전여친과 바람이 나서 갑자기 헤어졌지만, 그 짧은 연애를 통해 표현만으로도 상대방을 얼마나 행복하게 만들 수 있는지 배웠기에 나는 아주 조금 고마운 마음도 든다.

여러 차례의 이직과 시험, 자격증, 학업의 연장으로 끝이 보이지 않던 노력의 끝에 나는 지금 직장에 취업하게 되었다. 연봉은 10년 전 직장에서 처음 받던 것보다도 작아졌지만 내게 소속감과 안정감을 주는 직장을 사랑한다.

나는 또 나 자신을 사랑하고자 한다. 내가 다시 아프지 않도록, 내 건강을 위한 좋은 식재료를 준비하고 맛있고 건강한 식단을 공부해 요리하며 운동으로 꾸준히 관리하고 있다. 앞으로 나 자신이 너무 힘들거나 아프지 않았으면 좋겠다.
그리고 행복했으면 좋겠다.

나는 이렇게 사랑을 배웠고, 사랑했으며, 사랑하며 살아가고 있다.

마무리하는 글

나는 알고 싶었다. 다른 사람들은 삶의 다양한 순간마다 어떤 감정을 느끼며 살아가는지.

이전의 나는 내가 어떤 감정을 느끼는지, 그 감정의 원인이 무엇인지 스스로 알아차리기 어려웠다. 그래서 내가 느끼는 마음에 대해 누군가에게 자꾸만 확인받고 싶은 마음이 들고는 했다. 자신의 마음에 확신을 가지지 못해 매번 다른 사람의 확인과 공감을 기다려야 하는 일은 고통과 인내의 시간이었다고도 말할 수 있다.

다른 사람의 이야기가 들어보고 싶었다. 나와 비슷한 경험을 하거나 비슷한 감정을 느끼는 누군가를 확인해야 안심할 수 있을 것 같았고, 내 마음에도 확신이라는 것이 생길 것만 같았다. 또 한편으로 내가 모르고 지나치던 감정을 다른 사람의 일상을 통해 쉽게 이해하고, 배우고 싶은 마음도 있었다.

하지만 그런 책은 찾을 수 없었다. 그래서 나는 내가 경험한 감정들을 직접 책으로 쓰게 되었다. 처음 시작은 나처럼 다른 사람의 마음에 대한 이야기가 듣고 싶은 독자들에게 내 이야기를 들려줘야겠다는 마음이었지만, 사실 글을 쓰는 시간은 그동안 상처받은 내 마음이 회복되는 과정이었다.

다양한 감정들을 주제로 먼 기억을 돌아보며 나는 과거에 느꼈던 감정을 이해하는 시간을 가졌고, 그때 나의 마음에 깊이 공감하게 되었다. 신기하게도 격렬한 감정을 느꼈던 순간은 많은 시간이 흐른 뒤에도 그 감정이 생생히 남아있었음을 알게 되었다.

어느 날 나는 심장이 쿵쾅거릴 정도로 놀랐었고, 어느 날은 서운함을 느꼈으며, 질투심에 이성을 잃을 때도 있었고, 또 어느 날은 어깨춤을 추고 싶을 정도로 신났다. 하지만 그때의 나는 내 감정에 확신을 가지지 못해, 느끼는 감정을 자연스럽게 표현하거나 스스로에게조차 인정하지 못할 때가 많았다. 그럴 땐 불안이나 두려움으로 내 감정을 꼭꼭 숨기고는 했다. 그건 참 마음이 불편한 일이었다. 때로는 내 감정을 들킬까 봐, 때로는 어떤 감정을 느끼는 것에 대한 죄책감으로 마음이 편하지 않았다.

많은 심리학 서적에서 이렇게 말한다. 행동과 태도에는 옳고 그름이 있으며 책임도 따르지만 각자가 느끼는 감정은 어떤 상황에서든, 누구든 그 자체로 옳다고…

책을 쓰는 과정은 내게 그러한 확신을 주었다. 나는 기억 속 나의 감정들이 옳았음을, 그럴 만했음을, 스스로 이해하는 시간을 가졌다. 과거의 나는 (내 기준으로) 충분히 화날 만했으며, 신나서 어깨를 들썩일 만했고, 감동해서 눈물을 흘릴 만했다.

이 책을 읽는 동안 당신의 마음에도 삶의 어떤 에피소드가 떠올랐을지 모른다. 그때 분명 당신도 어떠한 감정을 느꼈을 것이다. 인지했든, 인지하지 못했든.

당신은 나의 이야기에 공감했을 수도 있고, 어쩌면 비슷한 상황에 나와는 매번 다른 감정을 느꼈을지도 모른다. 그럴 수 있다. 하지만 나는 안다.

나의 감정도, 당신의 감정도 옳다는 걸
나도, 당신도 그럴 만했다는 걸

감정이란 것은 끝이 없는 것인지도 모른다.
왜냐하면 감정은 표현하면 할수록
더욱 그것을 표현할 수밖에 없기 때문이다.

- E.M.포스터

니 마음만 있냐? 내 마음도 있다.

1판 1쇄 발행 2022. 11. 01.
1판 2쇄 발행 2024. 03. 01.

저자	유호재
이메일	writer.hojae@gmail.com

펴낸곳	손글
인스타그램	@handwriting_book
ISBN	979-11-980227-0-7
가격	10,000원

이 책은 저작권법에 따라 보호를 받는 저작물입니다.
저작권자의 동의 없는 무단 전재 및 복제, 수정을 절대 금합니다.
잘못 만들어진 책은 구입처에서 교환해 드립니다.